汽车机械制图习题集
（第2版）

主　编　陈志荣　谷平东
副主编　李晓光　杨登辉　文　方

北京理工大学出版社
BEIJING INSTITUTE OF TECHNOLOGY PRESS

内容提要

本书是与陈志荣主编的"十三五"职业教育国家规划教材《汽车机械制图（第2版）》配套使用的教材，按国家最新制图标准，结合"中等职业学校汽车运用与维修专业指导方案"以及汽车行业标准和技能规范编写而成，适用于中等职业技术学校汽车运用与维修专业、机械类等各专业的制度教材。

版权专有　侵权必究

图书在版编目（CIP）数据

汽车机械制图习题集 / 陈志荣，谷平东主编. —2版. —北京：北京理工大学出版社，2022.12重印
ISBN 978-7-5682-7729-7

Ⅰ.①汽… Ⅱ.①陈… ②谷… Ⅲ.①汽车—机械制图—中等专业学校—习题集　Ⅳ.①U462.1-44

中国版本图书馆CIP数据核字（2019）第243004号

出版发行 / 北京理工大学出版社有限责任公司

社　　址 / 北京市海淀区中关村南大街5号

邮　　编 / 100081

电　　话 /（010）68914775（总编室）
　　　　　（010）82562903（教材售后服务热线）
　　　　　（010）68944723（其他图书服务热线）

网　　址 / http://www.bitpress.com.cn

经　　销 / 全国各地新华书店

印　　刷 / 定州市新华印刷有限公司

开　　本 / 787毫米×1092毫米　1/16

印　　张 / 9.25

字　　数 / 234千字

版　　次 / 2022年12月第2版第3次印刷

定　　价 / 27.00元

责任编辑 / 陆世立
文案编辑 / 陆世立
责任校对 / 周瑞红
责任印制 / 边心超

图书出现印装质量问题，请拨打售后服务热线，本社负责调换

前 言

《汽车机械制图习题集（第2版）》是与陈志荣主编的"十三五"职业教育国家规划教材《汽车机械制图（第2版）》配套使用的教材。

本书按最新制图国家标准，并根据教育部颁发的"中等职业学校机械制图教学大纲"，结合"中等职业学校汽车运用与维修专业指导方案"以及汽车行业标准、技能规范和《国家职业标准》编写而成。适用于中等职业技术学校（全日制普通中专、职业中专、职业高中、技工学校）汽车运用与维修专业、机械类、近机械类等各专业的制图教材，也可作为汽车行业从业人员和其他相关行业岗位培训用书。

本书力求以实用够用为原则，采用新标准，并吸取现有相关习题册的优点，尽可能帮助学生建立二维工程图和三维实体相关转换的空间想象能力，从而领会机械制图从空间到平面，再从平面到空间的实质。

在本书编写的过程中，参考了大量的文献资料，在此谨向文献资料的作者们致以诚挚的谢意。由于编者水平有限，本习题集的缺点在所难免，敬请读者批评指正。

编 者

目 录

第一部分　习题精编 ……………………………………………………………………… 1

第一章　制图基本知识 …………………………………………………………………… 2
第二章　几何作图 ………………………………………………………………………… 9
第三章　投影作图 ………………………………………………………………………… 16
第四章　立体表面的交线 ………………………………………………………………… 32
第五章　组合体 …………………………………………………………………………… 44
第六章　机件的表达方法 ………………………………………………………………… 63
第七章　标准件与常用件 ………………………………………………………………… 80
第八章　表面结构与公差 ………………………………………………………………… 87
第九章　零件图 …………………………………………………………………………… 96
第十章　装配图 …………………………………………………………………………… 105

第二部分 部分习题答案 ·· 112

第一章 制图基本知识 ·· 113
第二章 几何作图 ··· 115
第三章 投影作图 ··· 117
第四章 立体表面的交线 ·· 121
第五章 组合体 ··· 124
第七章 标准件与常用件 ·· 131
第九章 零件图 ··· 138

第一部分　习题精编

第一章 制图基本知识

1-1 线型练习

1. 在下面的空白处照样画出图线和图形。

2. 标注下面两个图形的尺寸（尺寸数值按1∶1在图上量，取整数）

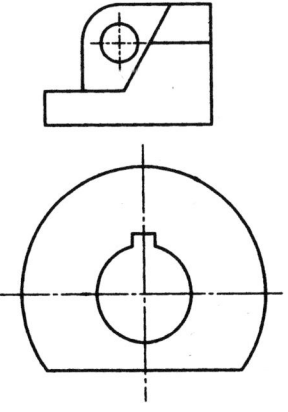

3. 标注尺寸（尺寸数字按1∶1在图上量，取整数）

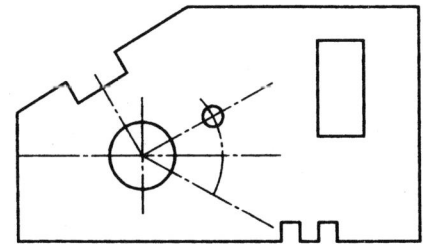

4. 在下面绘制机械制图常用线型各两条，粗实线宽度为 0.5mm，其余均为 0.25mm，细虚线每一段长度为 5~6mm，间隙约为 1.5mm，点画线每段长 10~15mm，间隙及作为点的短画线共约 3mm

5. 在右侧按 1∶1 抄画左侧的图形

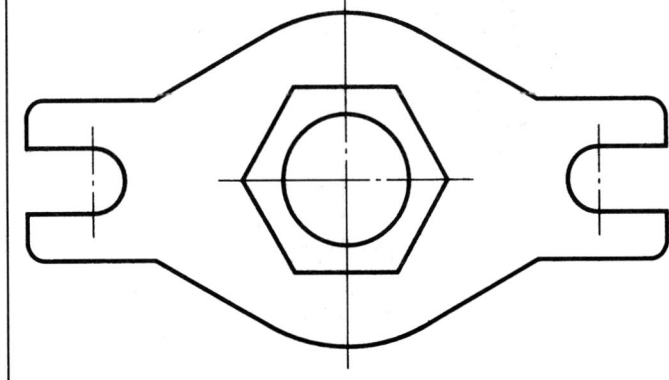

1-2 比例·尺寸标注

1. 参照所示图形，以 1∶1 的比例在指定位置画出图形，并标注尺寸

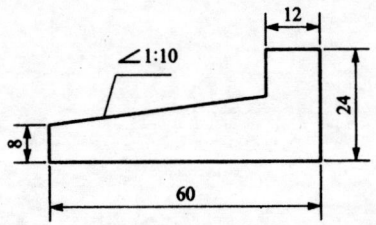

2. 参照所示图形，以 1∶1 的比例在指定位置画出图形

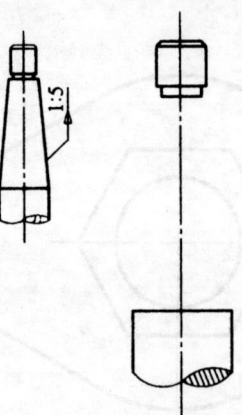

3. 按所示图形的尺寸，画出正六边形

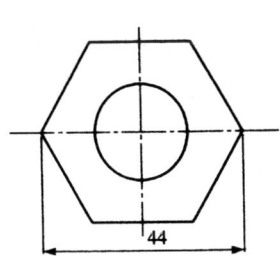
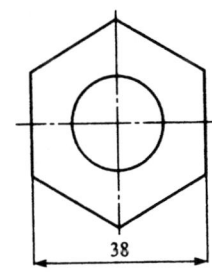

4. 分析下图中小尺寸的各种注法，并在相应图中模仿注出

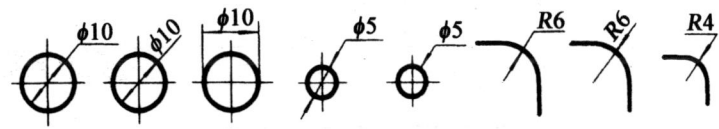
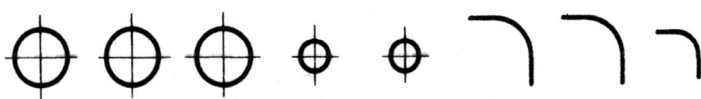

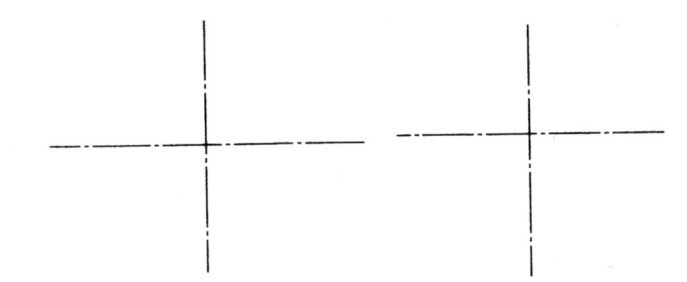

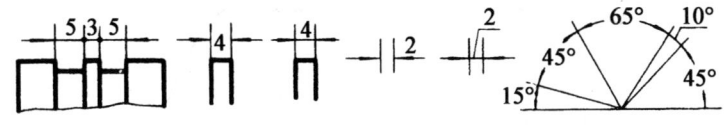

5. 标注平面图形的尺寸（尺寸从图形中量取，取整数）

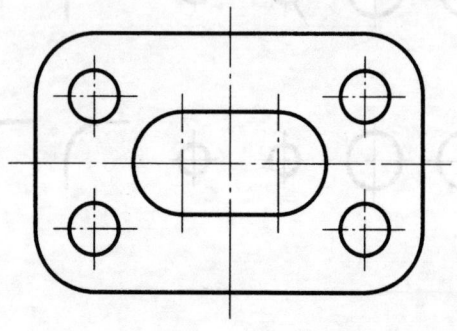

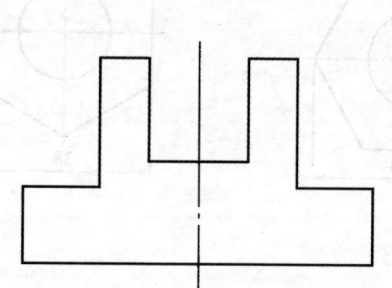

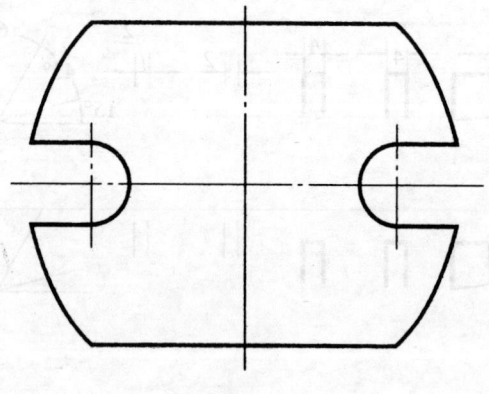

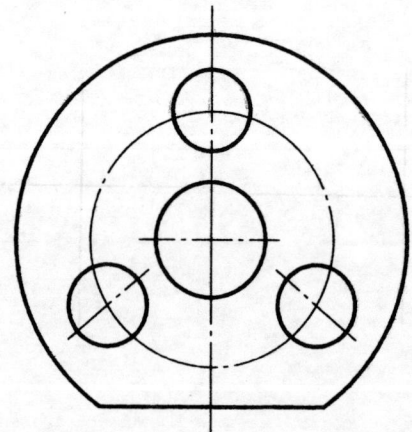

第二章 几何作图

2-1 等分作图、锥度、斜度

1. 抄画右下角的图例（比例2∶1）

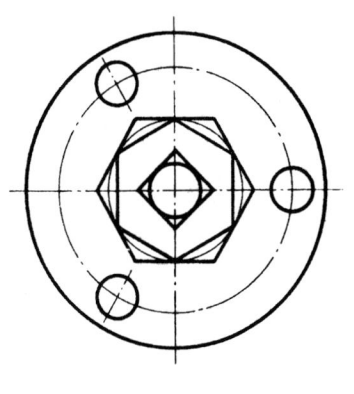

2. 根据下面给定的条件，自行设计一个带有斜度、一个带有锥度的简单图形，并标注其斜度、锥度

3. 用四心近似画法画椭圆（长轴为80mm，短轴为50mm）

2-2 圆弧连接

1. 完成下面图形的线段连接（1∶1）

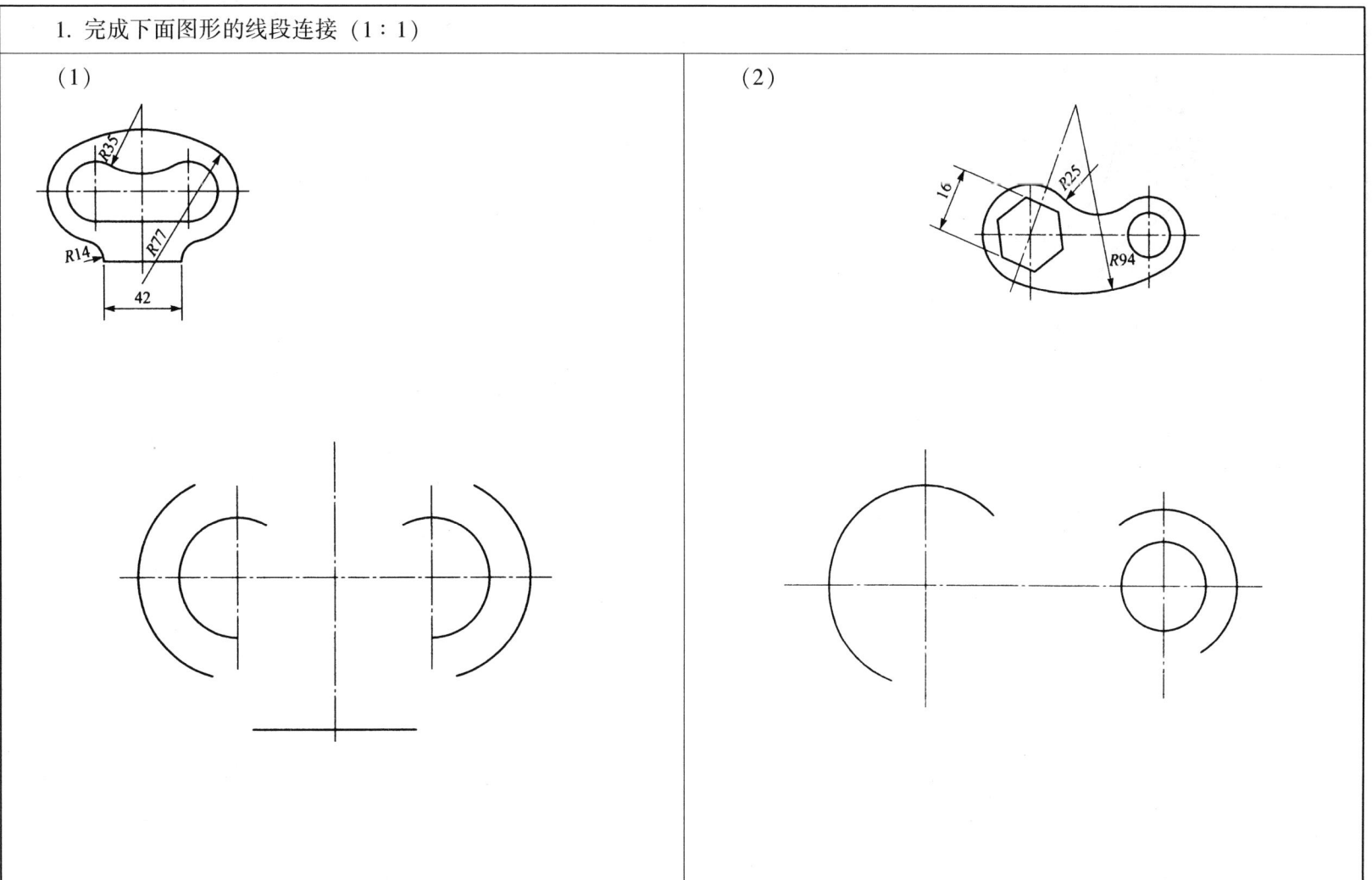

2. 按下图所示图形尺寸，在指定位置画出图形，并标注尺寸。

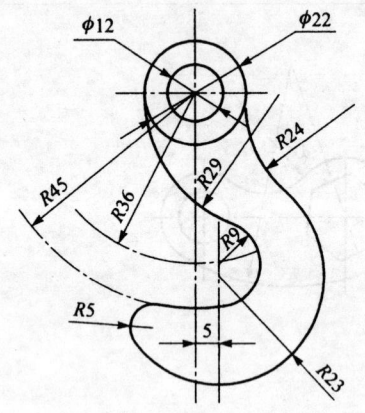

3. 选用适当比例绘制图示图形，并标注尺寸。

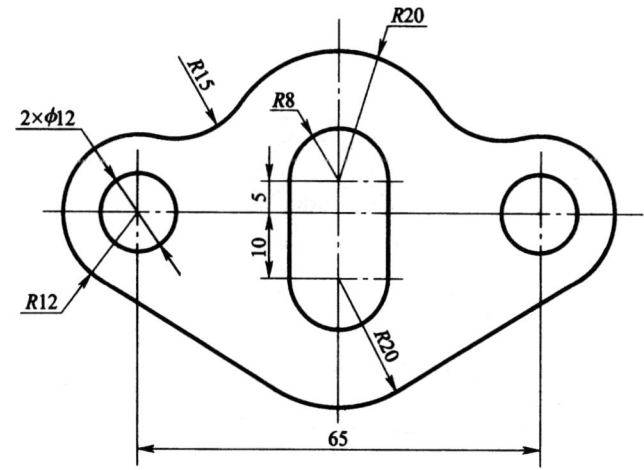

2-3 平面图形绘制（自选比例）

(1)

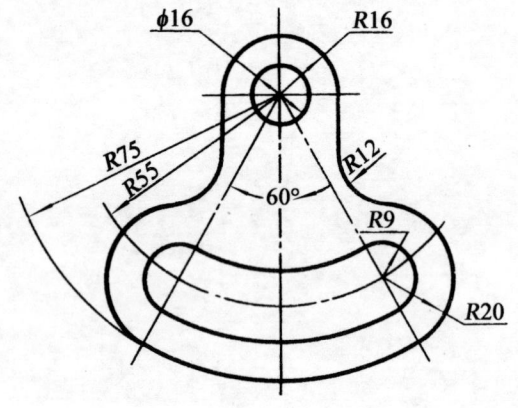

(2)

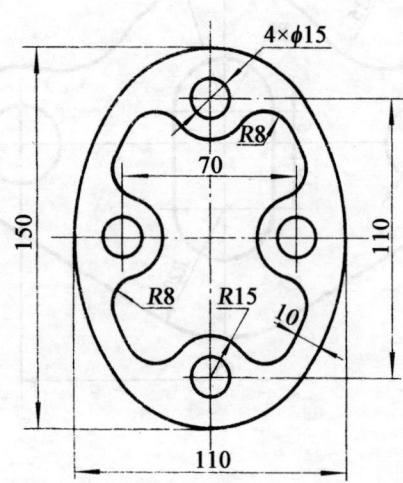

2-4 徒手画出下列图形（比例2∶1）

(1)

(2)

第三章 投影作图

3-1 投影法的基本概念

分析三视图的形成过程，并填空说明三视图之间的关系

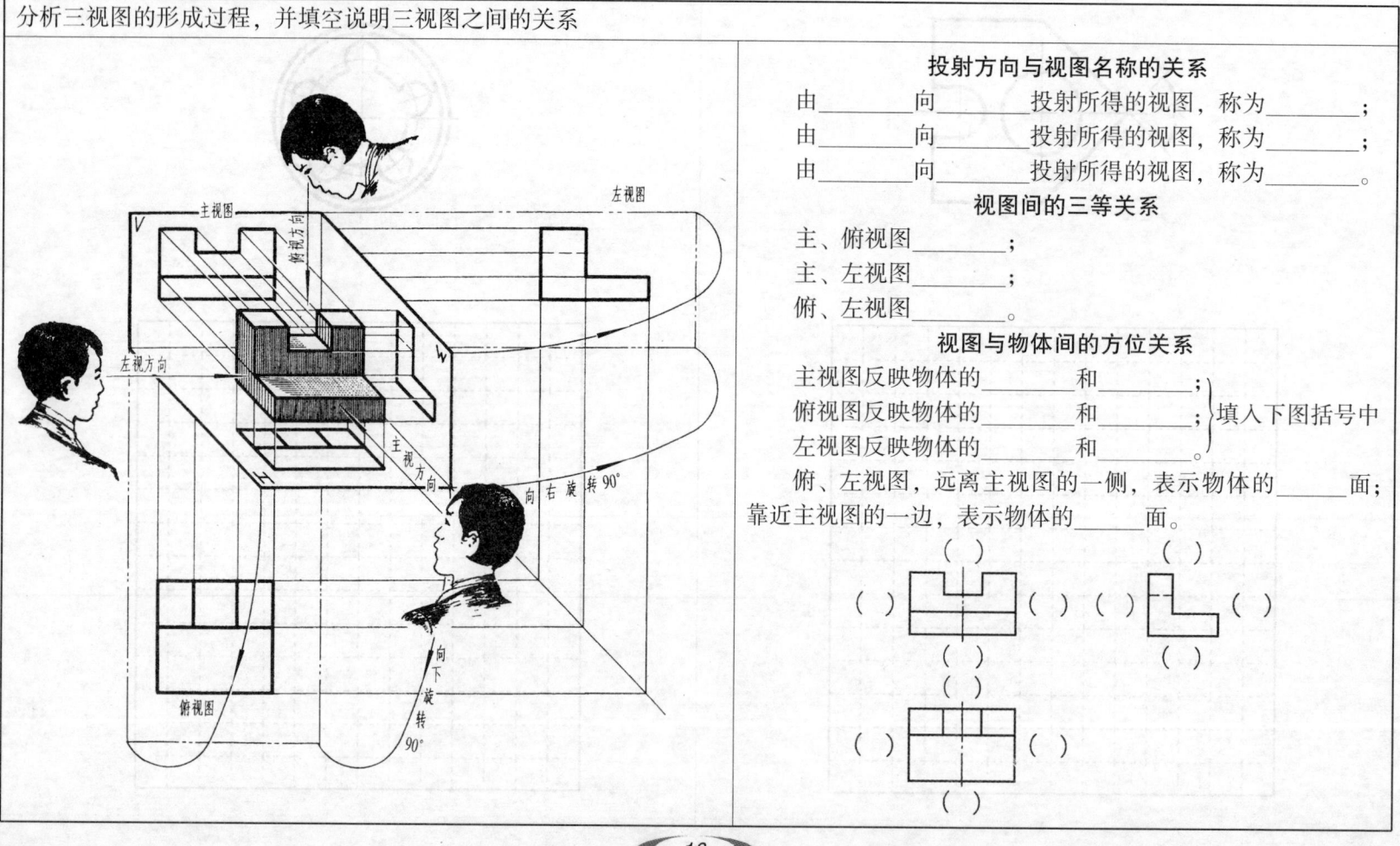

投射方向与视图名称的关系

由_____向_____投射所得的视图，称为_____；
由_____向_____投射所得的视图，称为_____；
由_____向_____投射所得的视图，称为_____。

视图间的三等关系

主、俯视图_____；
主、左视图_____；
俯、左视图_____。

视图与物体间的方位关系

主视图反映物体的_____和_____；
俯视图反映物体的_____和_____；ㅏ填入下图括号中
左视图反映物体的_____和_____。

俯、左视图，远离主视图的一侧，表示物体的_____面；靠近主视图的一边，表示物体的_____面。

3-2 三视图

1. 按箭头所指方向绘制正投影图

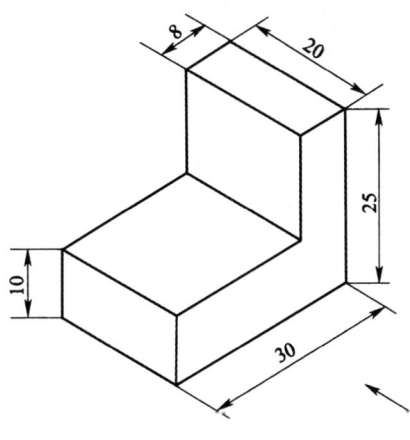

2. 由立体图找出对应的三视图，在括号内标出对应的字母，并在立体图上找出主视图的投影方向，标出"主视"二字

3. 按箭头所示的投影方向，把正确视图的图号填入各立体图的圆圈内

4. 辨认与主视图对应的俯视图及立体图，并将其编号填入表中的相应位置（先填入立体图的编号）

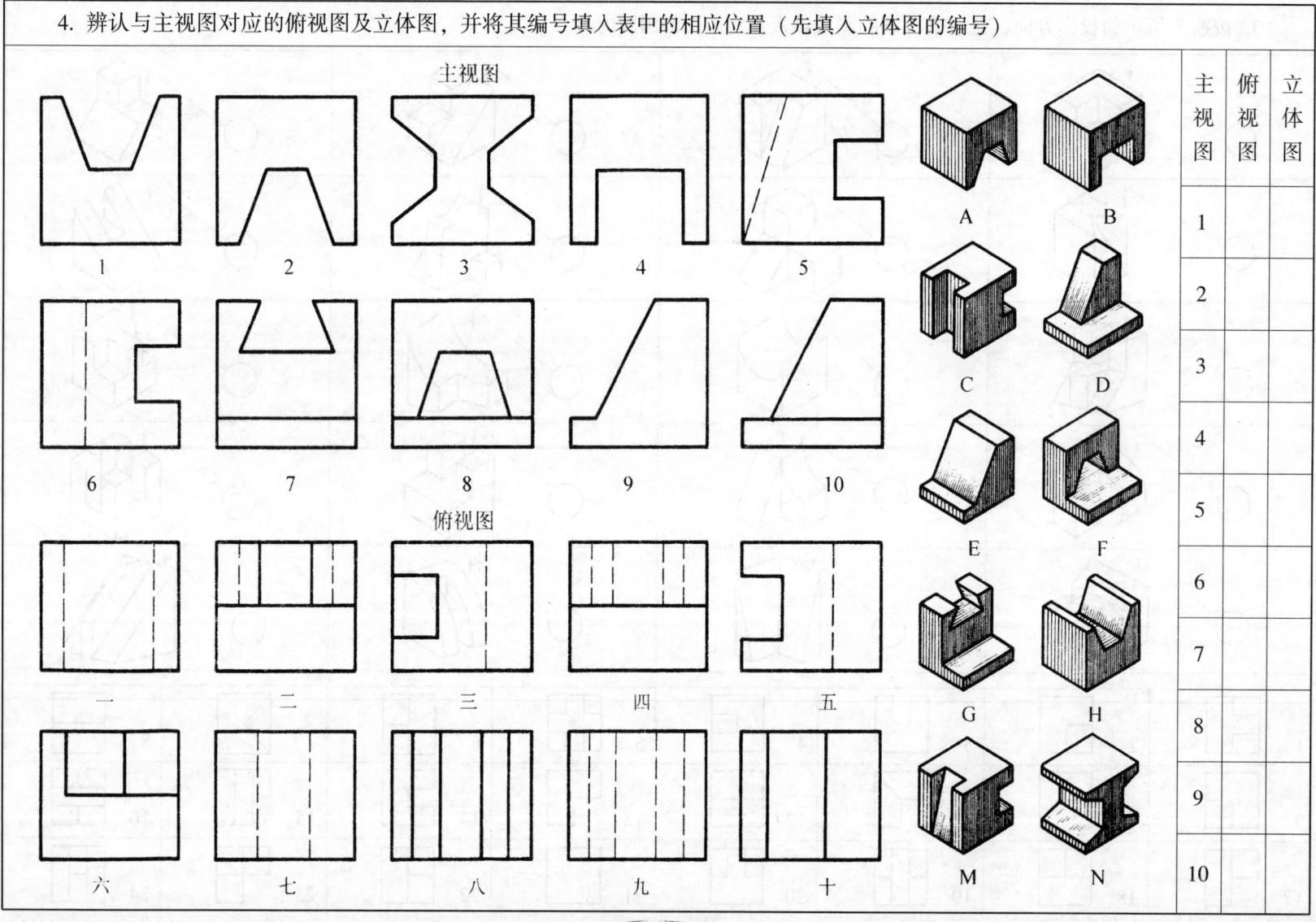

5. 根据三视图辨认其相应的立体图，并补全视图中所缺的图线

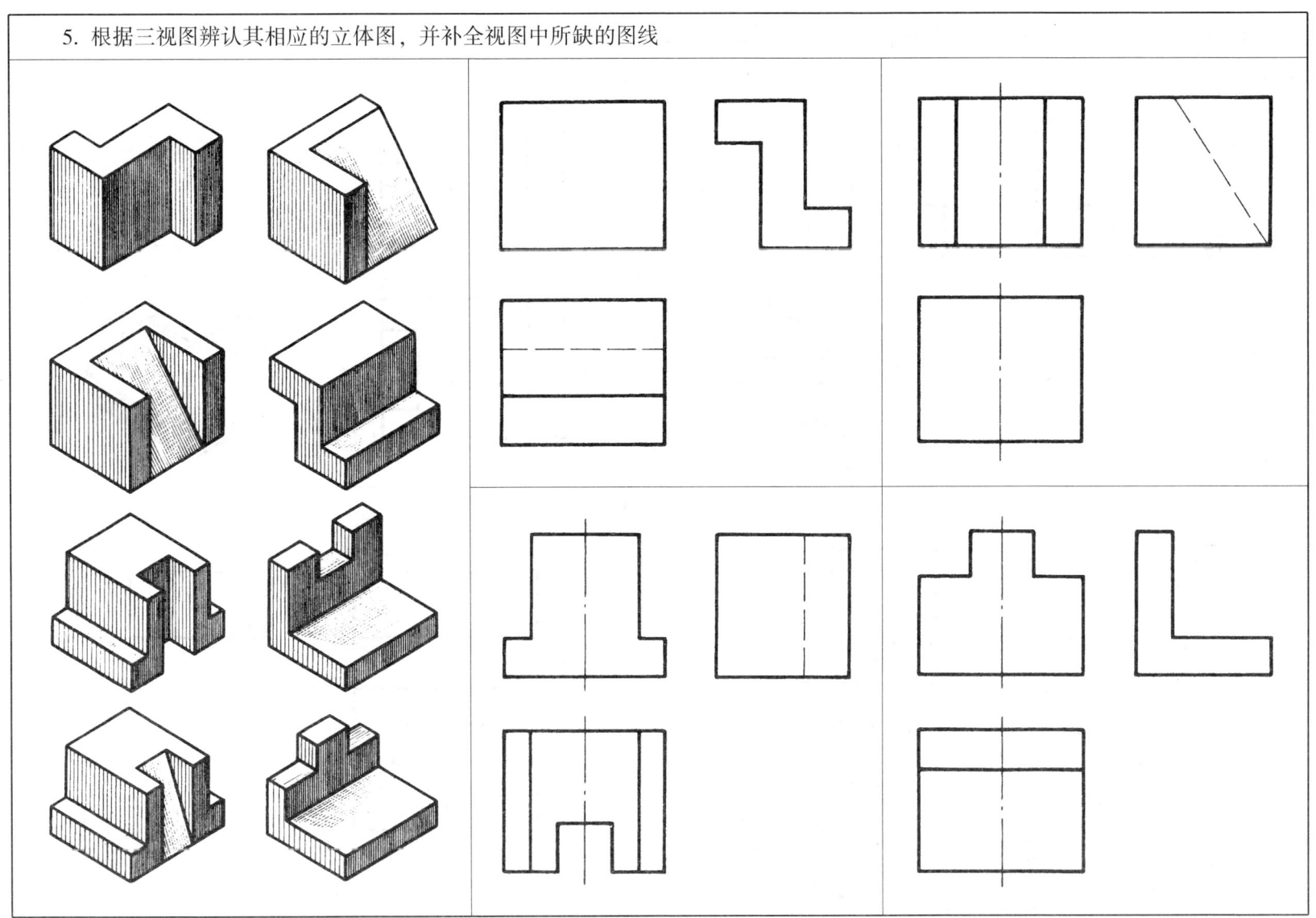

6. 第1、2、3题：根据两视图，参照轴测图补画所缺的第三视图；第4题：根据俯视图，完成主、左视图（形状自定）

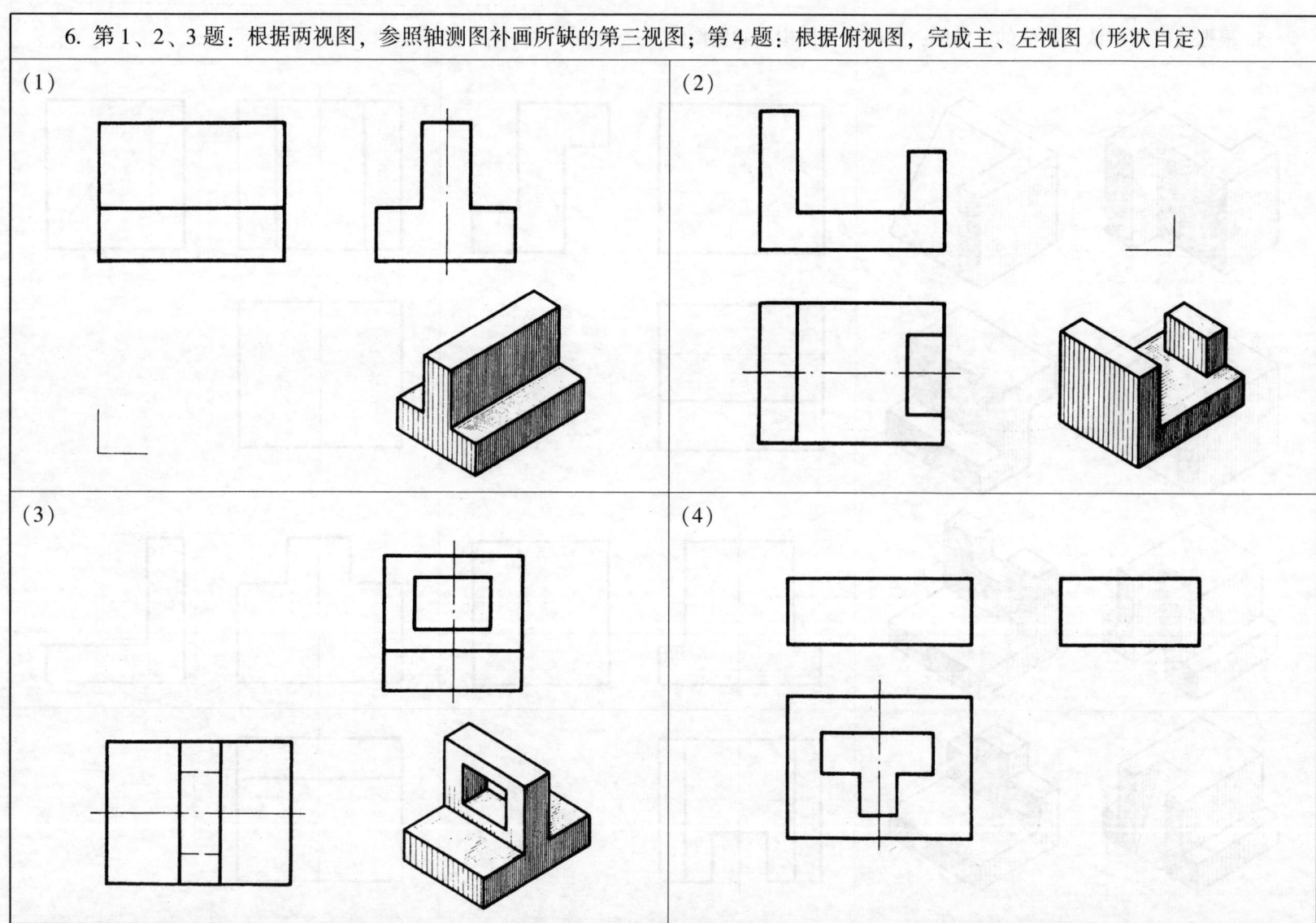

7. 看视图想出物体形状，补画视图中所缺的图线

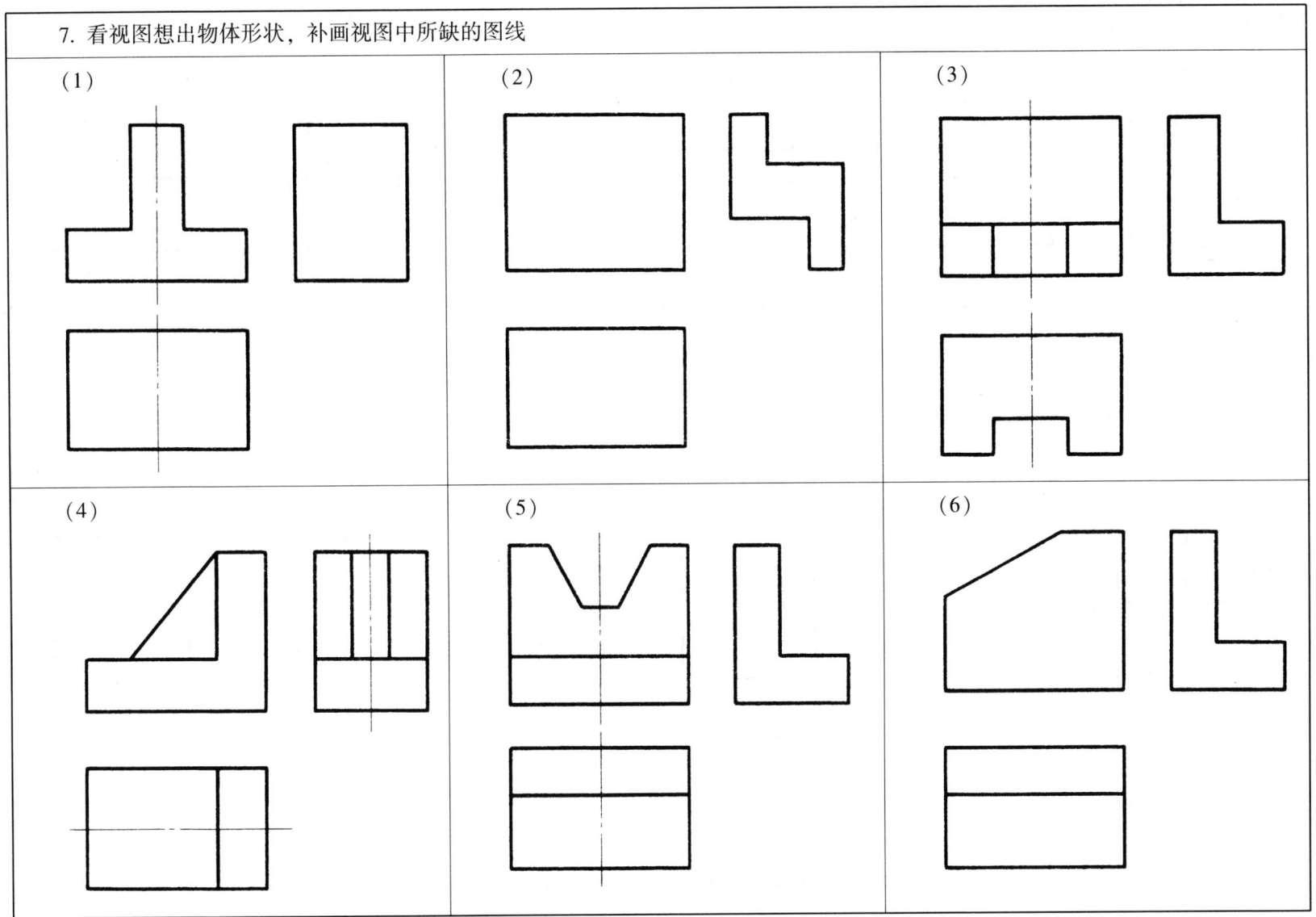

8. 根据两视图补画第三视图

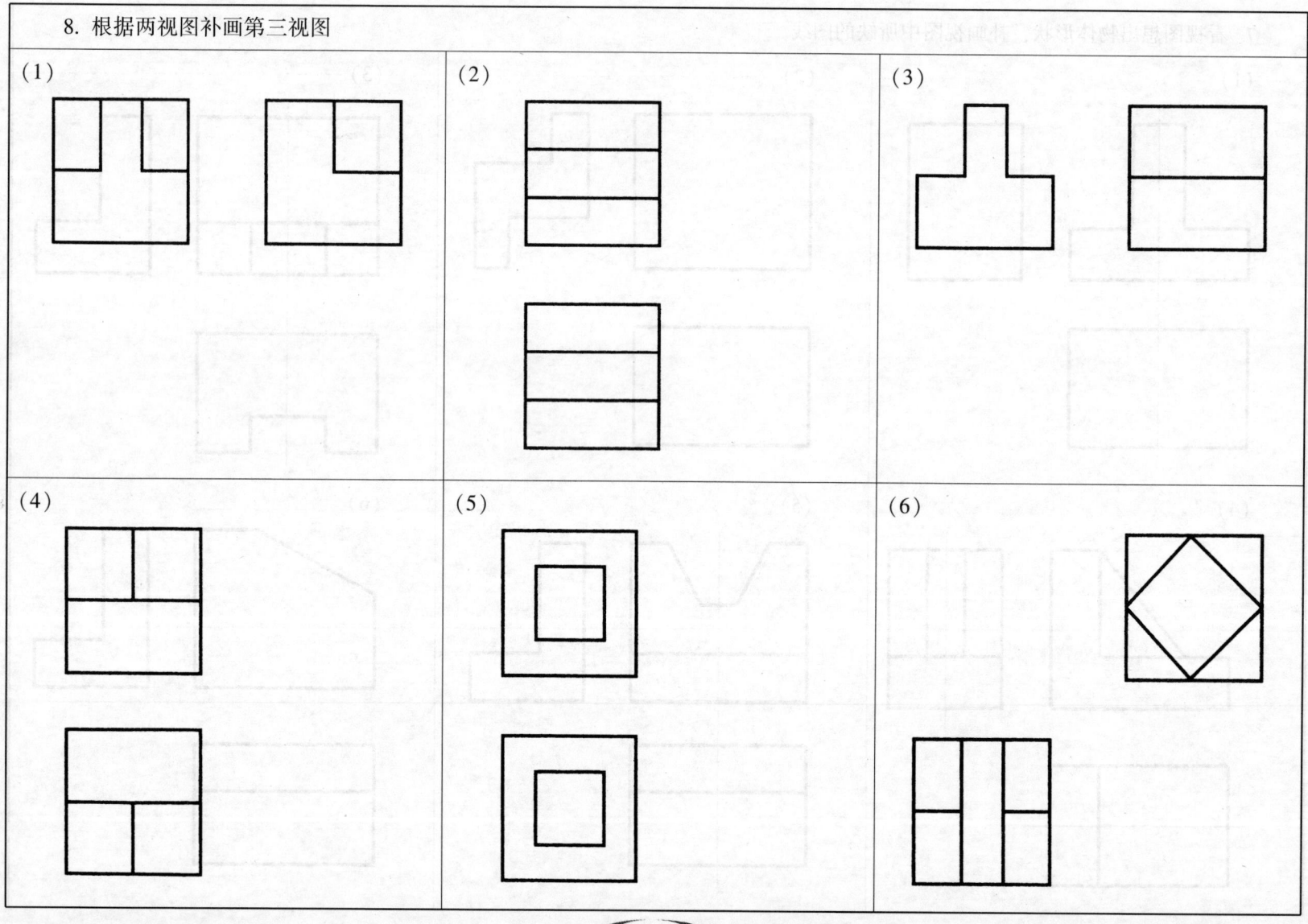

3-3 点的投影

1. 作 A (20, 15, 10), B (15, 20, 10), C (10, 20, 15) 三点的投影

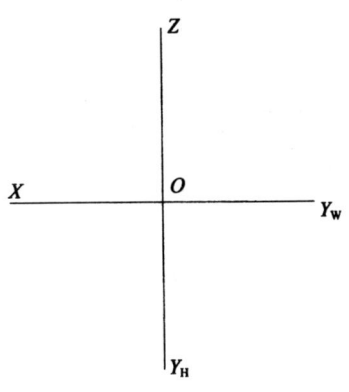

2. 已知点 A 到正投影面的距离为 10mm，到水平投影面的距离为 15mm，到侧投影面的距离为 20mm，作点 A 的投影

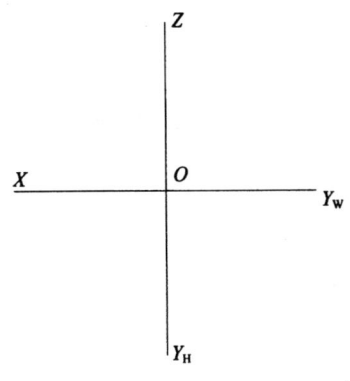

3. 根据点的两面投影求作第三面投影

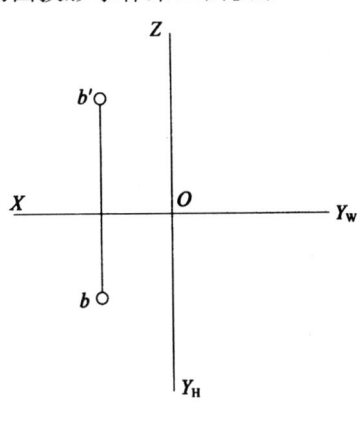

4. 已知点的两面投影，求作它们的第三面投影

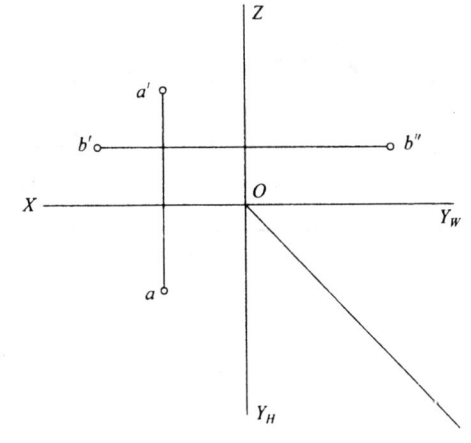

5. 已知点 A、点 B 的一面投影，又知点 A 距 H 面 20mm，点 B 在 V 面上，求作点 A、点 B 的另两面投影

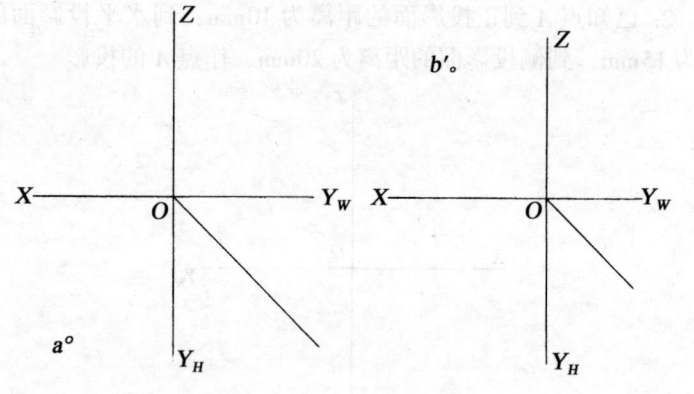

6. 已知点 A 在点 B 的左方 20mm、下方 20mm，前方 10mm，求点 A 的三面投影，并说明两点的相对位置

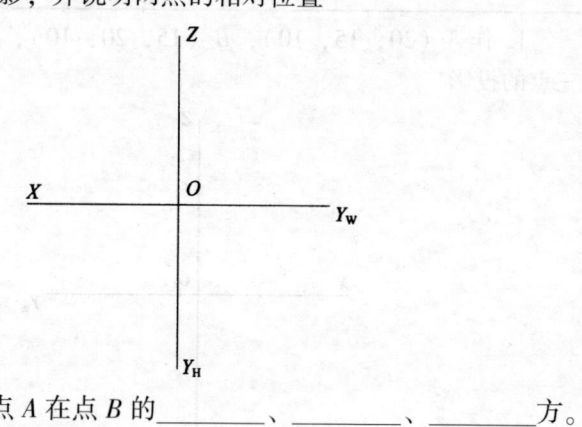

点 A 在点 B 的 _____、_____、_____ 方。

7. 补画俯视图，并作 A、B 两点的水平投影

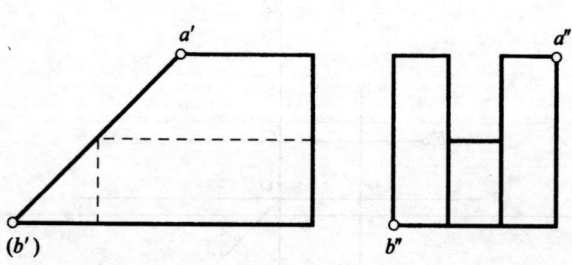

8. 作各点的三面投影：A（25，15，20），B（20，10，15），点 C 在 A 点之左 10，A 之前 15，A 之上 12

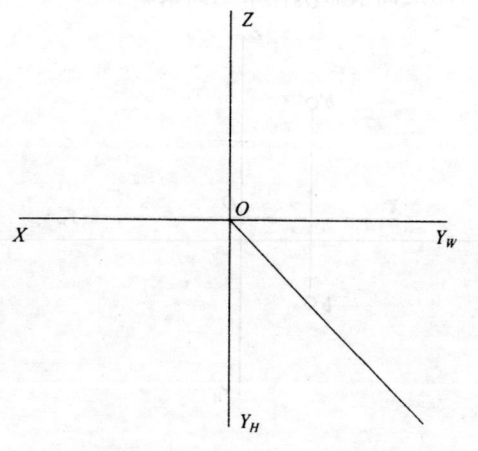

3-4 直线的投影

1. 判断下列直线相对投影面的位置

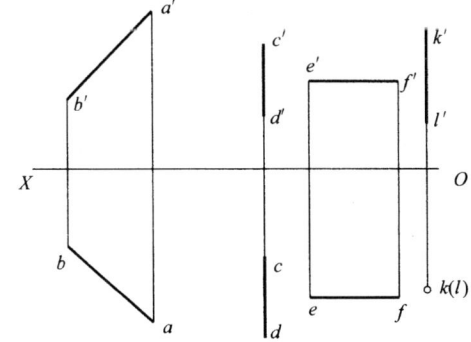

AB 是_____线，CD 是_____线
EF 是_____线，KL 是_____线

2. 过点 M 作 MK 与直线 AB 平行并与直线 CD 相交，已知 M 的 V 面投影为 m'

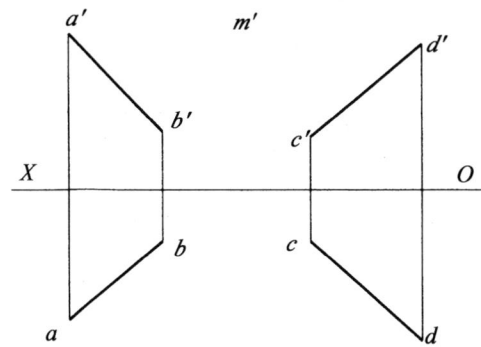

3. 已知直线的两面投影，先判别这是什么线（写在题号后面），求出第三面投影

（1）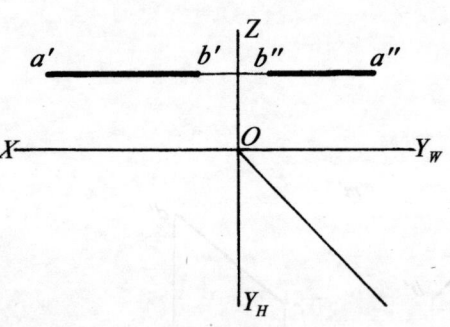

（2）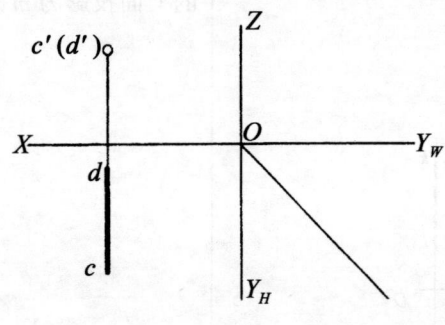

（3）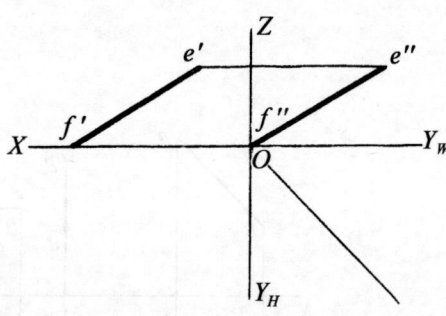

4. 作出立体上棱线的另两个投影，并填空

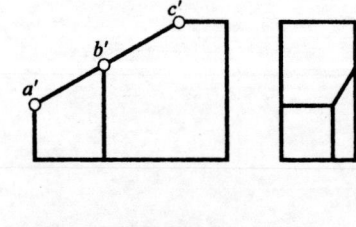

AB 线是_____线，BC 是_____线。

3-5 平面的投影

1. 判断 A、B、C、D 是否在同一平面上

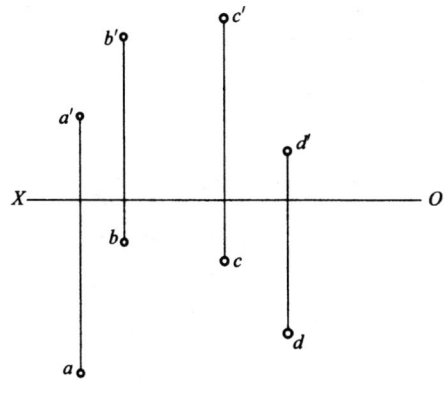

2. 点 D 属于平面 ABC，求其另一投影

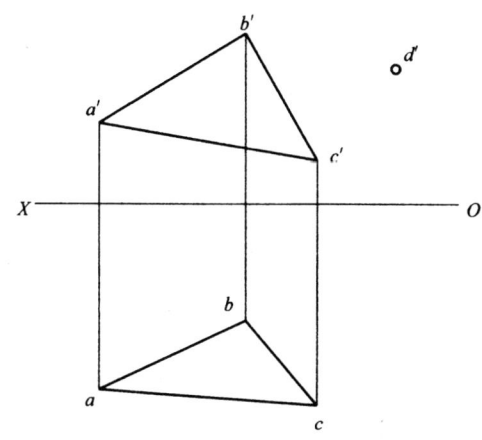

3. 求作几何体表面点的另两个投影

(1)

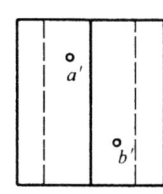
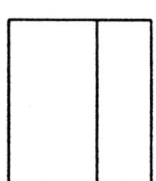
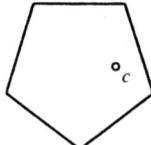

(2)

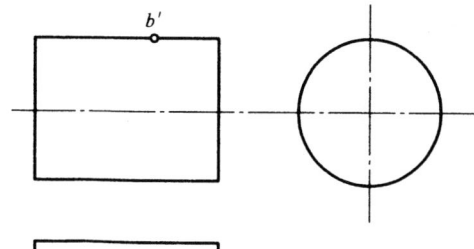
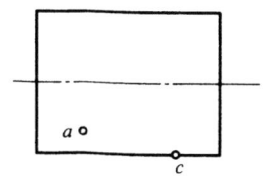

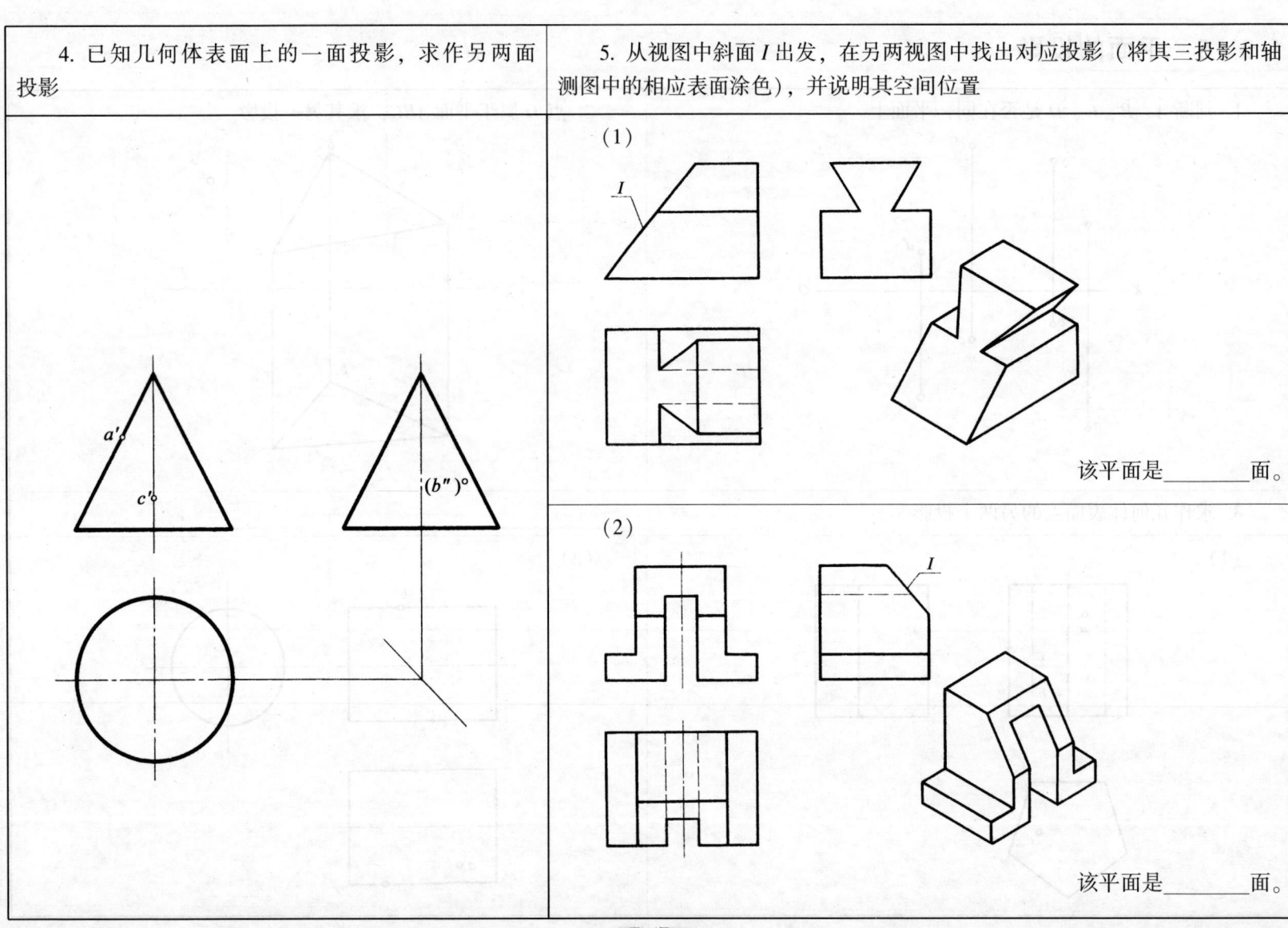

该平面是_____面。

该平面是_____面。

6. 在立体的三视图中，标出指定平面，并填空

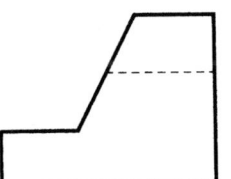 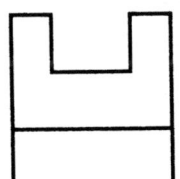

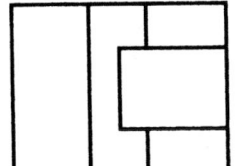

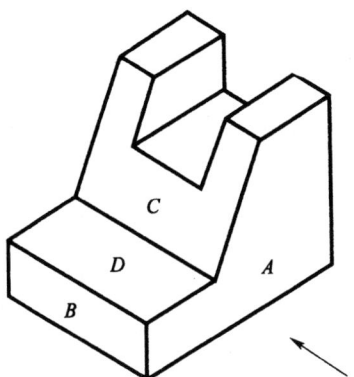

　　A 平面是_____平面，B 平面是_____平面，C 平面是_____平面，D 平面是_____平面。

7. 根据俯视图、左视图，参照立体图完成主视图，并回答问题

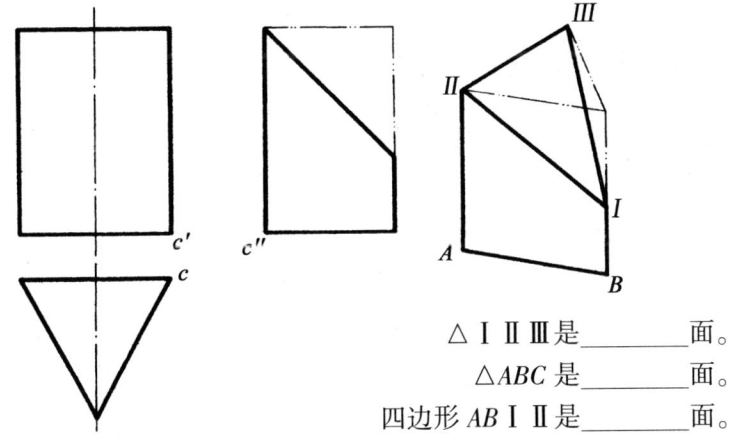

△ⅠⅡⅢ是_____面。
△ABC 是_____面。
四边形 ABⅠⅡ是_____面。

8. 根据主视图、俯视图，参照立体图完成左视图，并回答问题

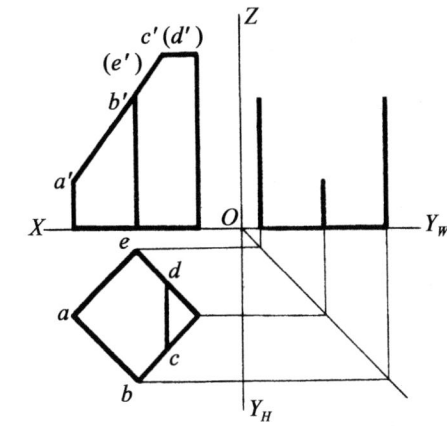 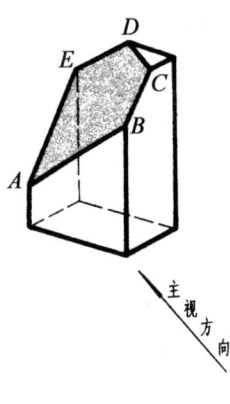

平面 ABCDE 是_____面。

第四章 立体表面的交线

4-1 截交线

1. 分析下列各立体的截交线,并补全立体的三面投影

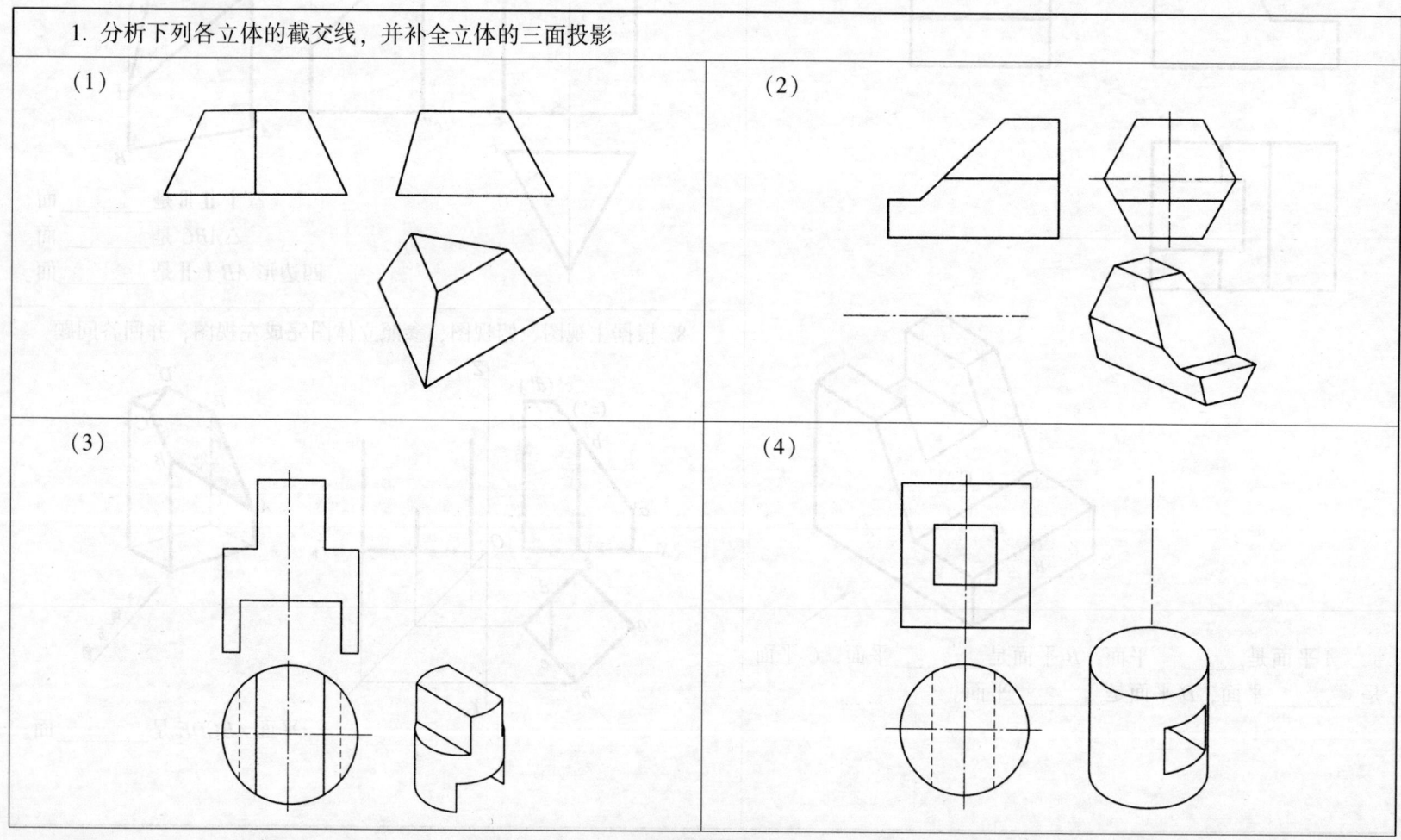

1. 分析下列各立体的截交线，并补全立体的三面投影

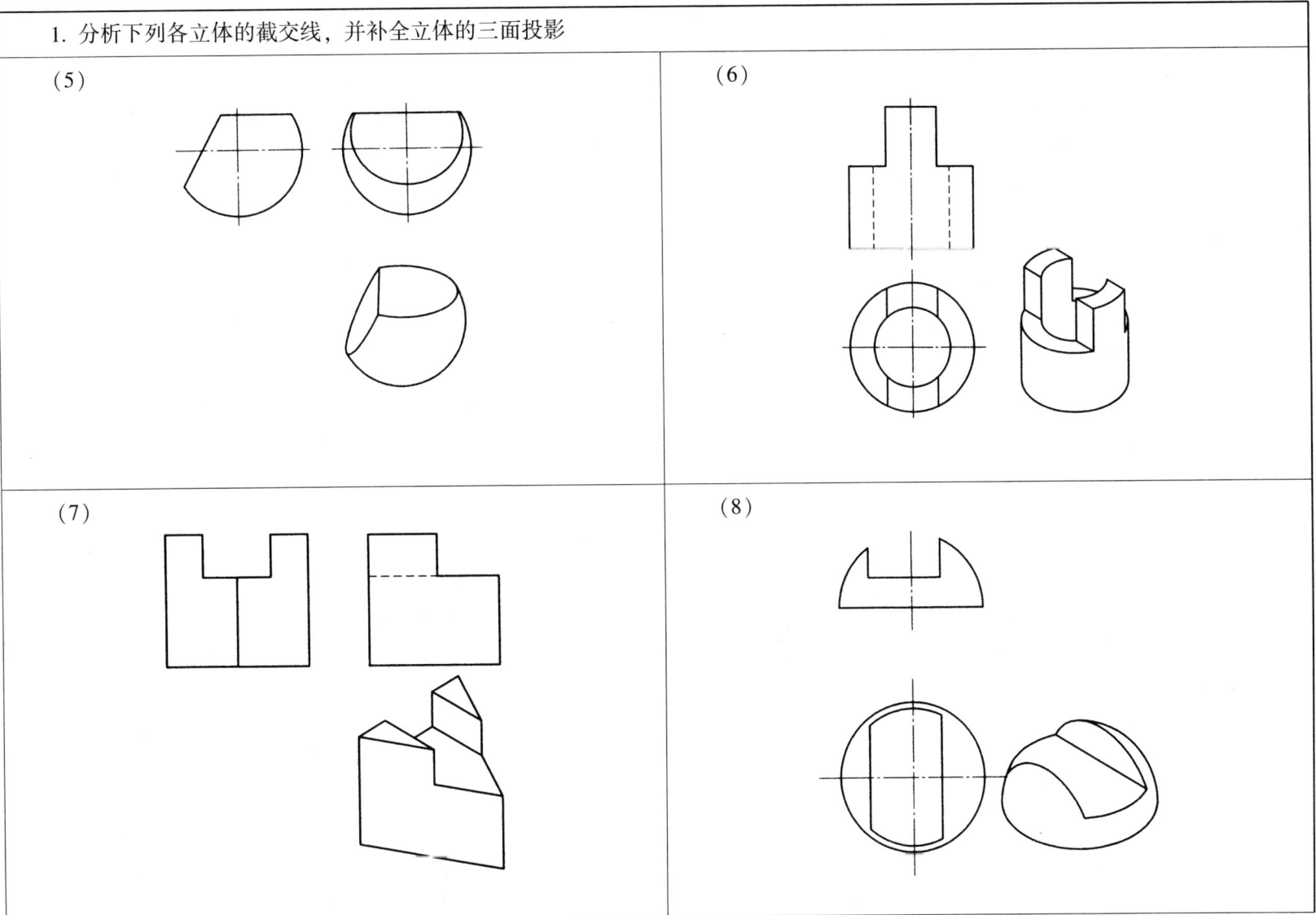

1. 分析下列各立体的截交线，并补全立体的三面投影

(9)

(10)

2. 根据已知的视图，完成三视图

(1)

(2)

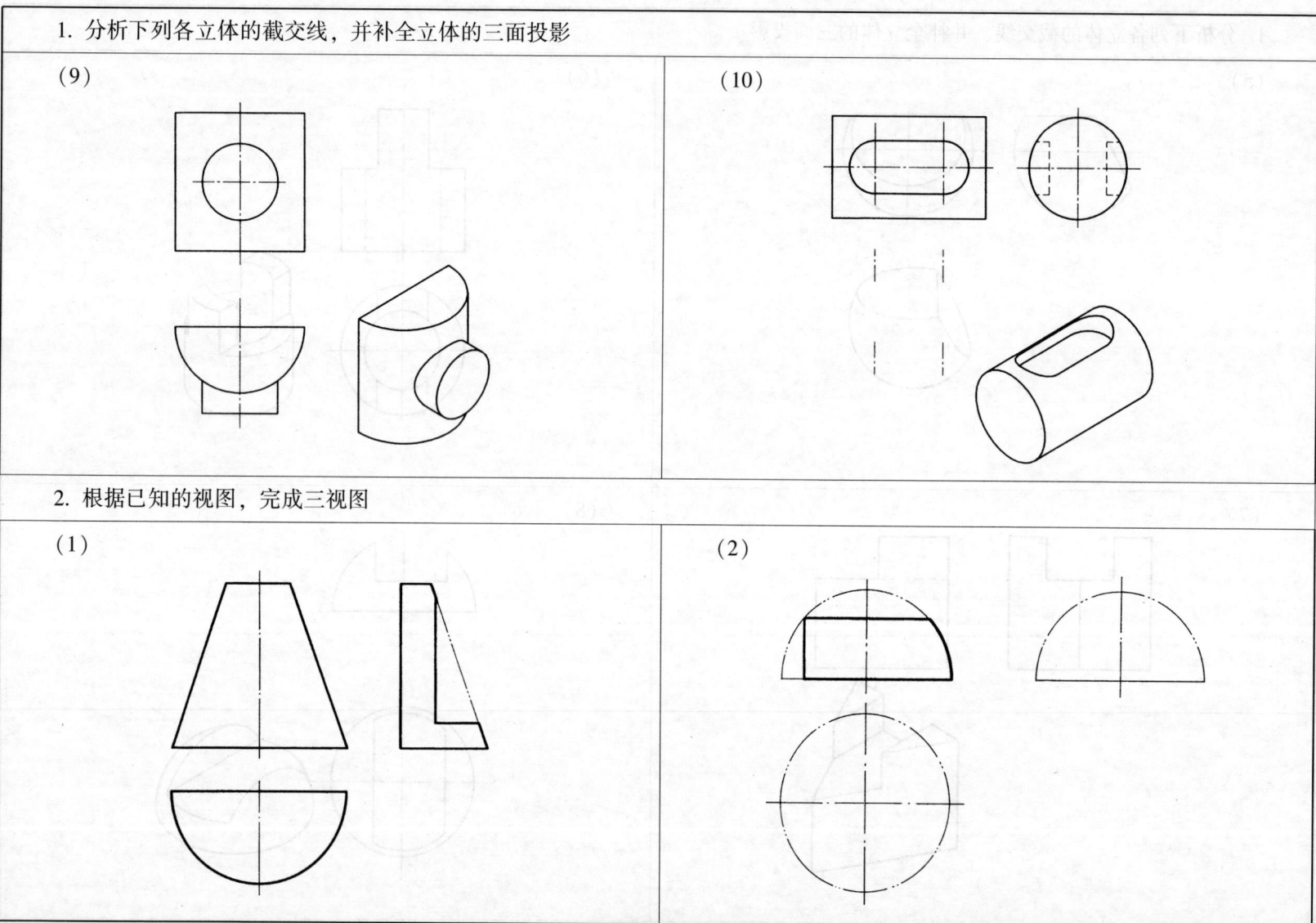

3. 求截交线的投影，并补画俯视图

(1)

(2)

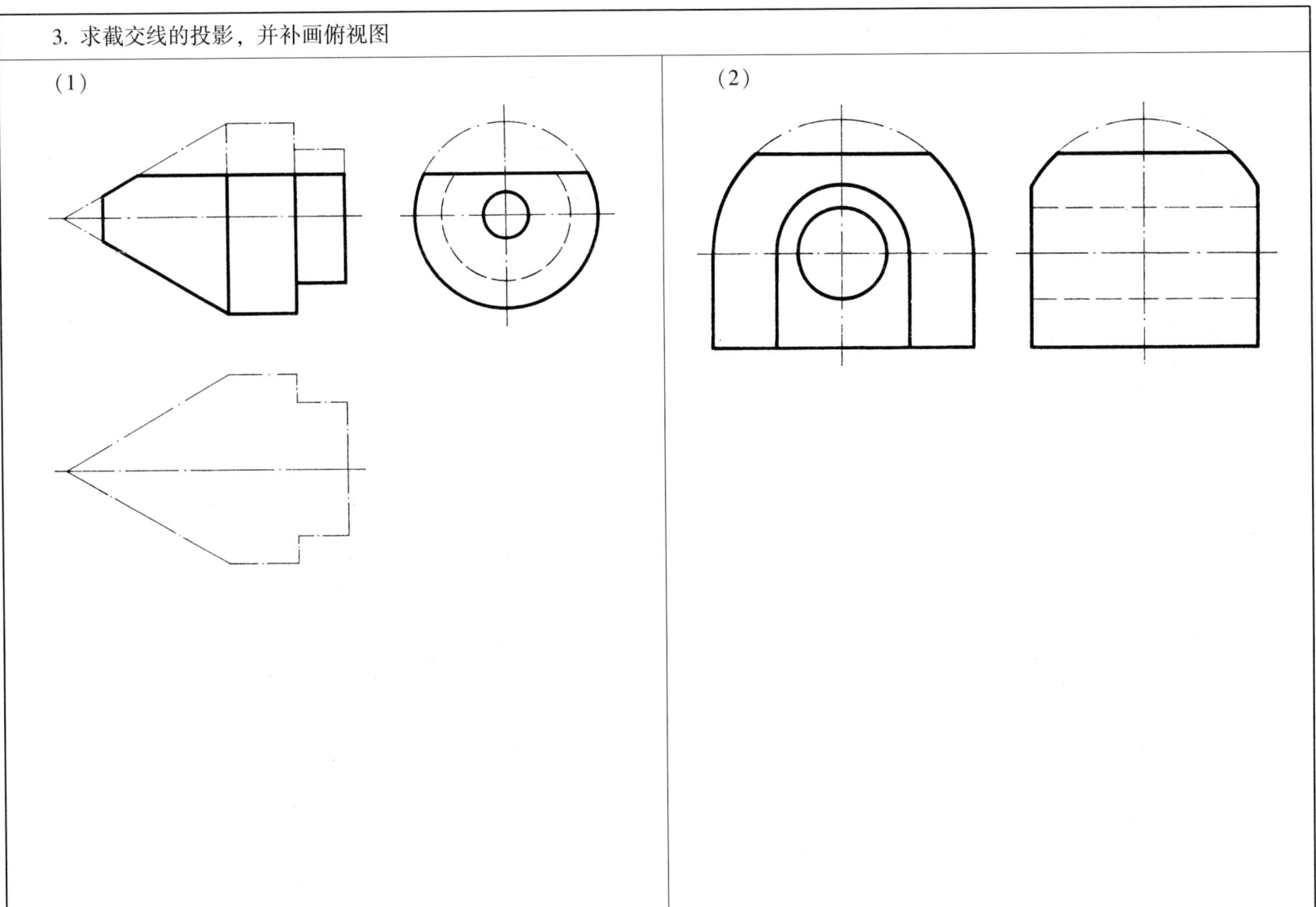

4. 根据截切圆柱体的两视图，补画第三视图

(1)

(2)

(3)

(4)

4. 根据截切圆柱体的两视图，补画第三视图

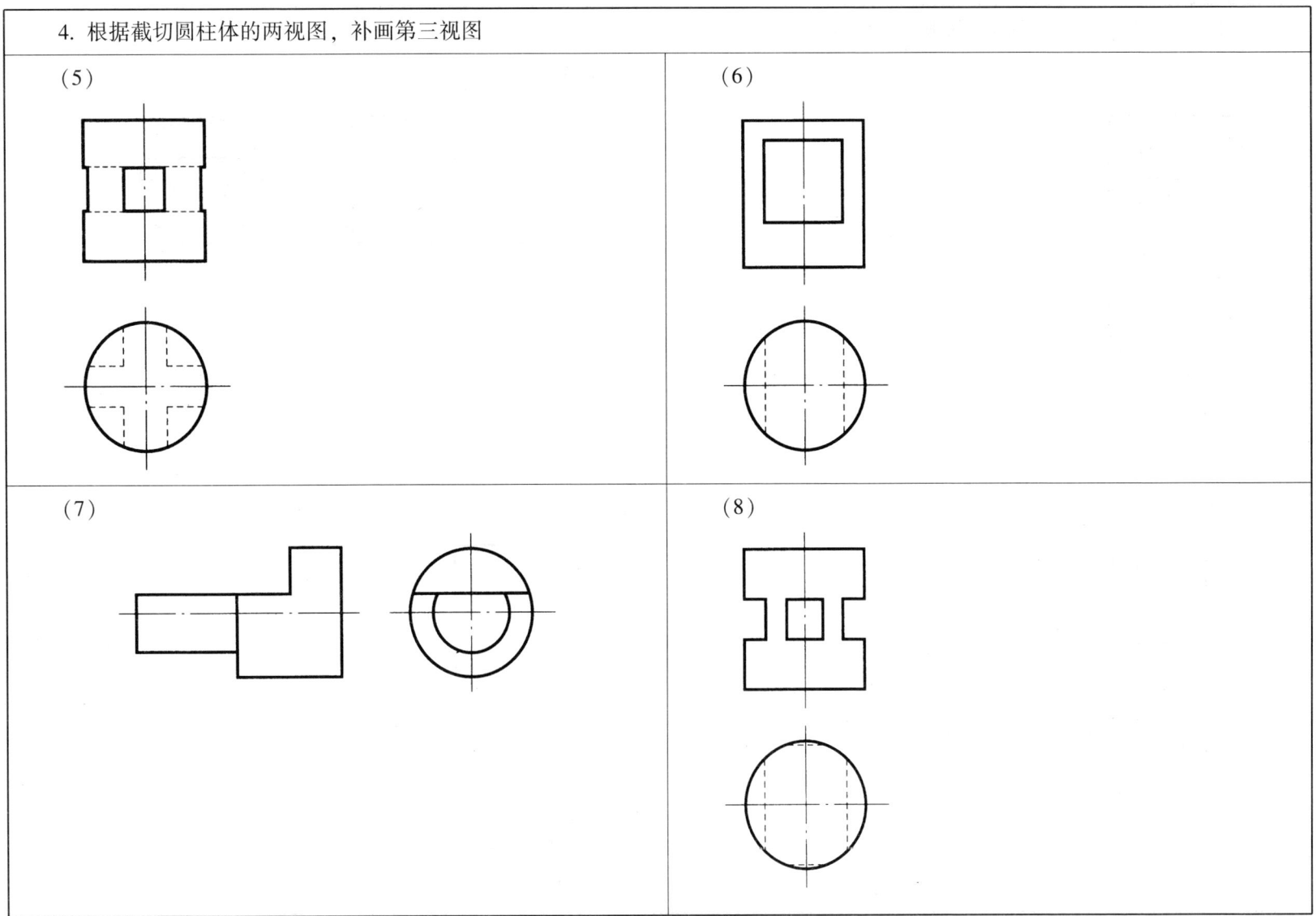

4. 根据截切圆柱体的两视图，补画第三视图

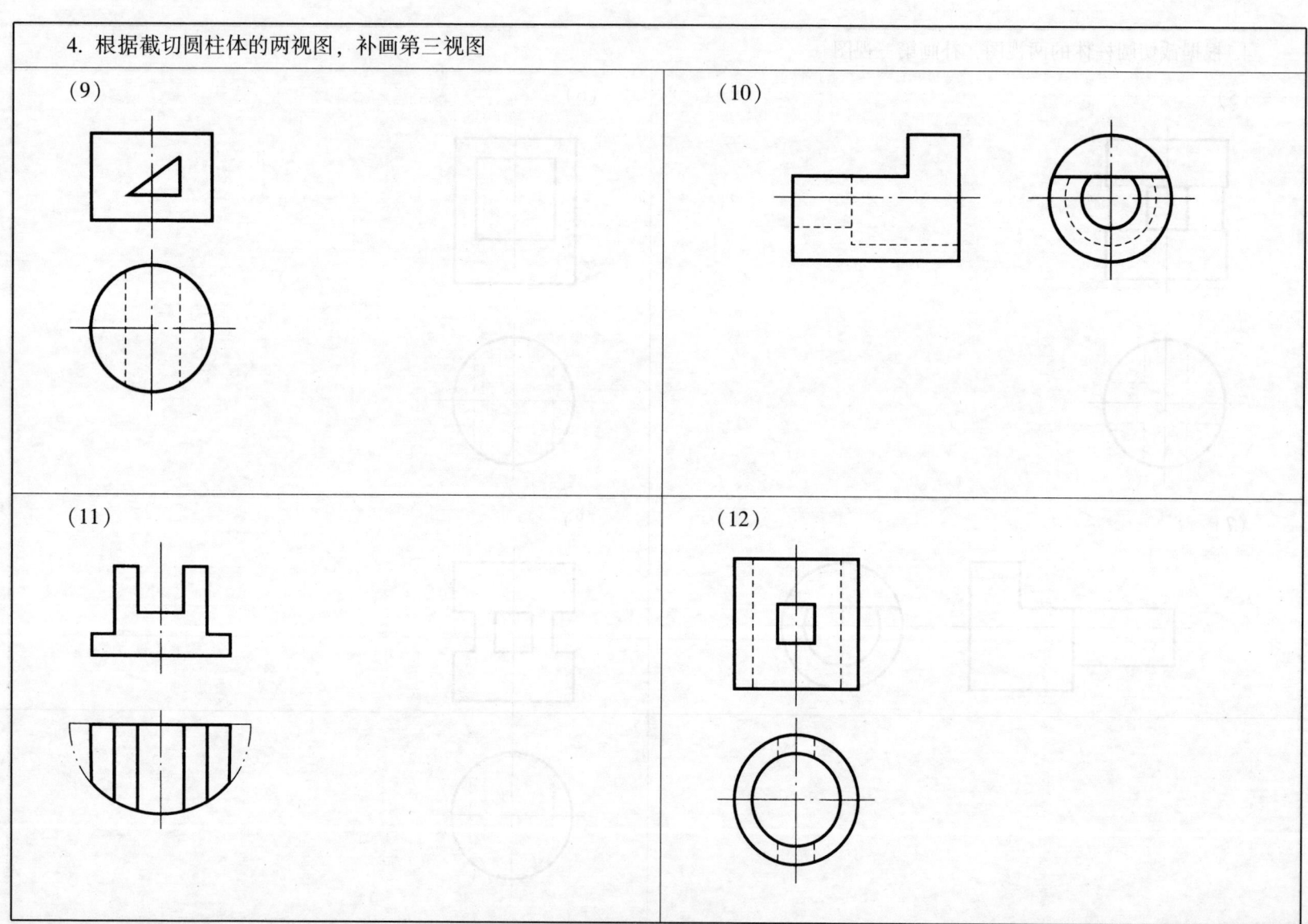

4-2 相贯线

1. 补画主视图和俯视图中的缺线

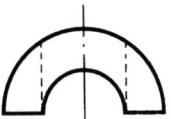
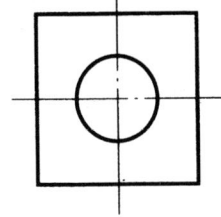

2. 补画主视图中的相贯线

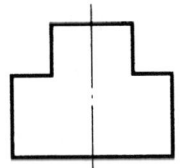
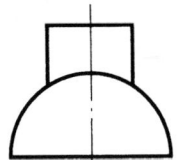
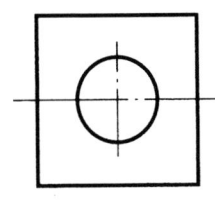

3. 补画主视图中的相贯线

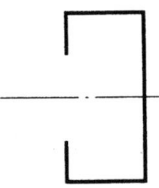
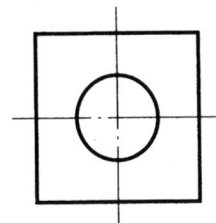
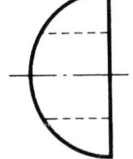

4. 补画主视图中的相贯线

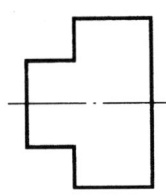
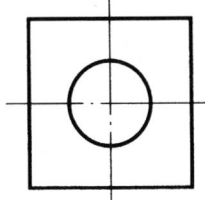
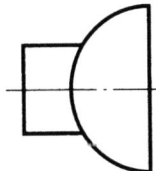

5. 补画视图中的缺线或视图

(1)

(2)

(3)

(4)

6. 根据所给立体图，分析下列各曲面立体的相贯线，并补全各面投影

(1)　　　　　　　　　　　　　(2)

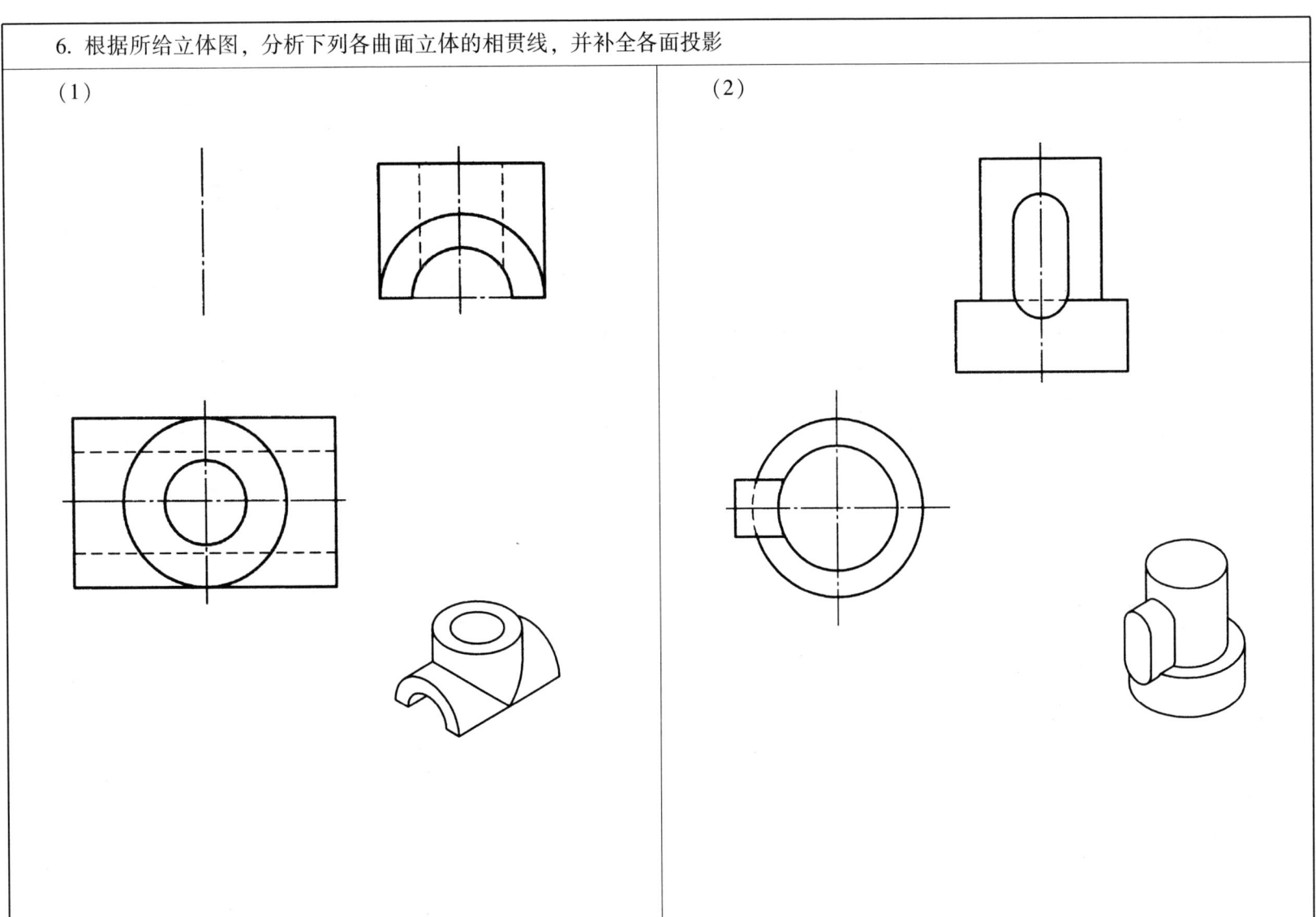

7. 用近似画法求出相贯线的投影

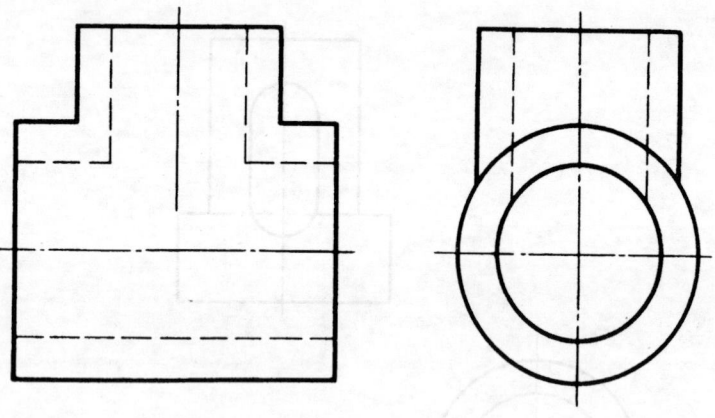
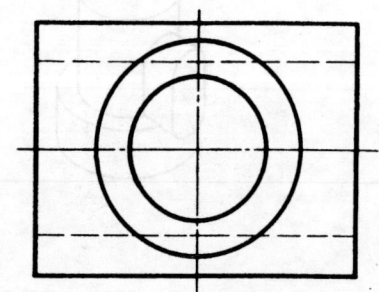

8. 求相贯线的投影（求出四个一般位置点的投影，保留作图线）

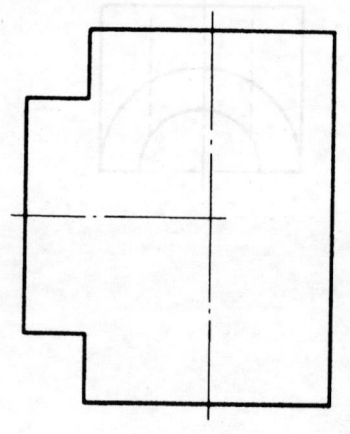
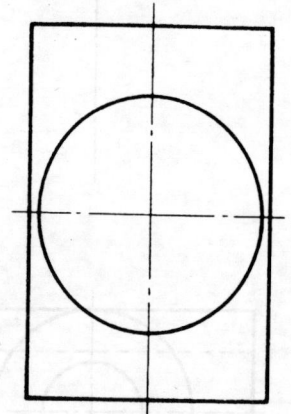
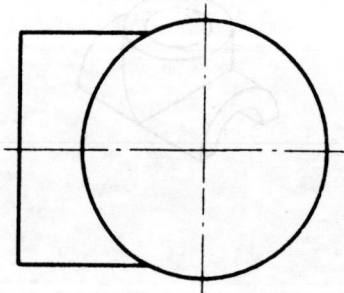

9. 补画相贯线的投影，完成三视图

(1)

(2)

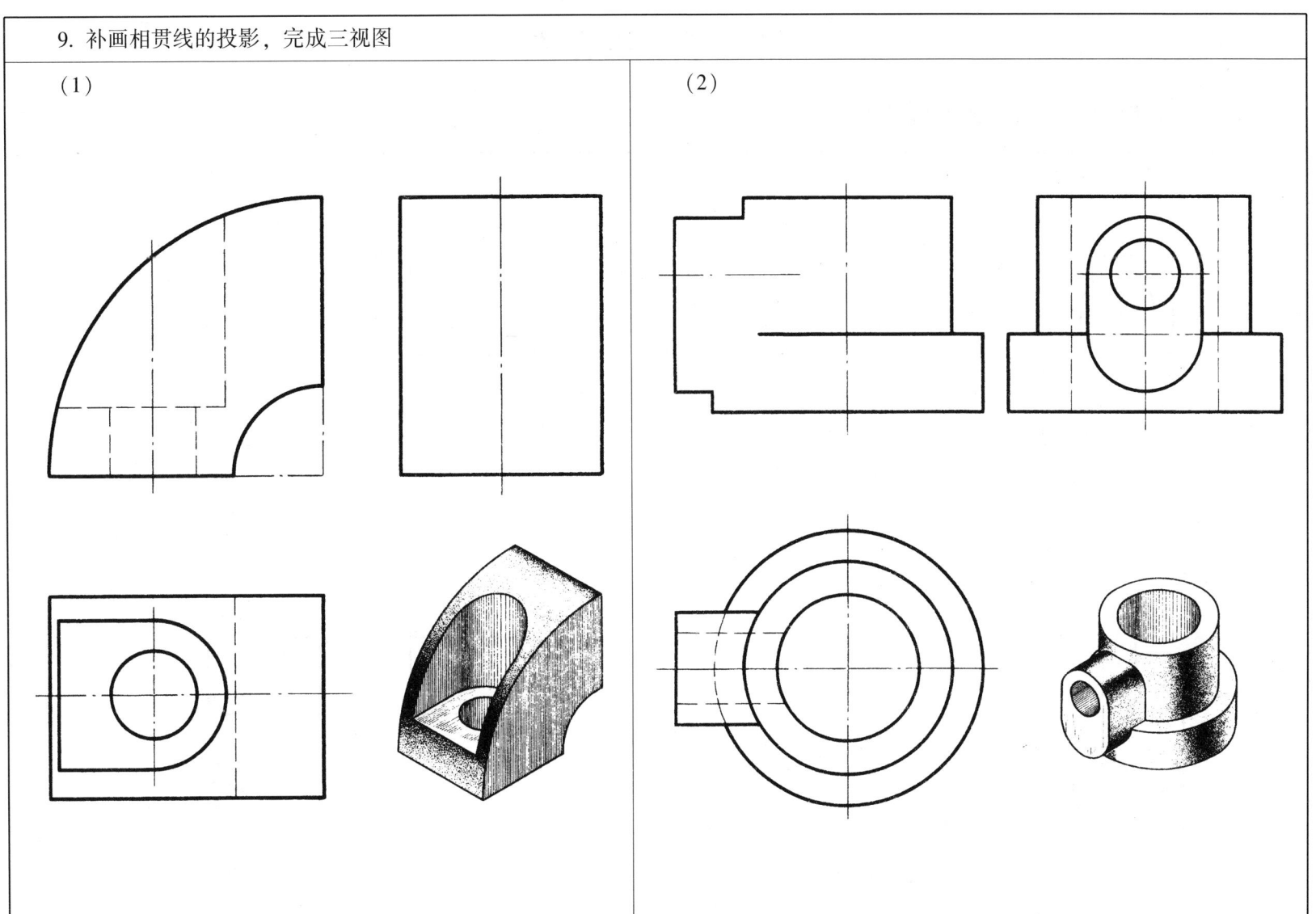

第五章 组合体

5-1 根据立体图补画三视图

1. 根据立体图及所给两视图，补画第三视图

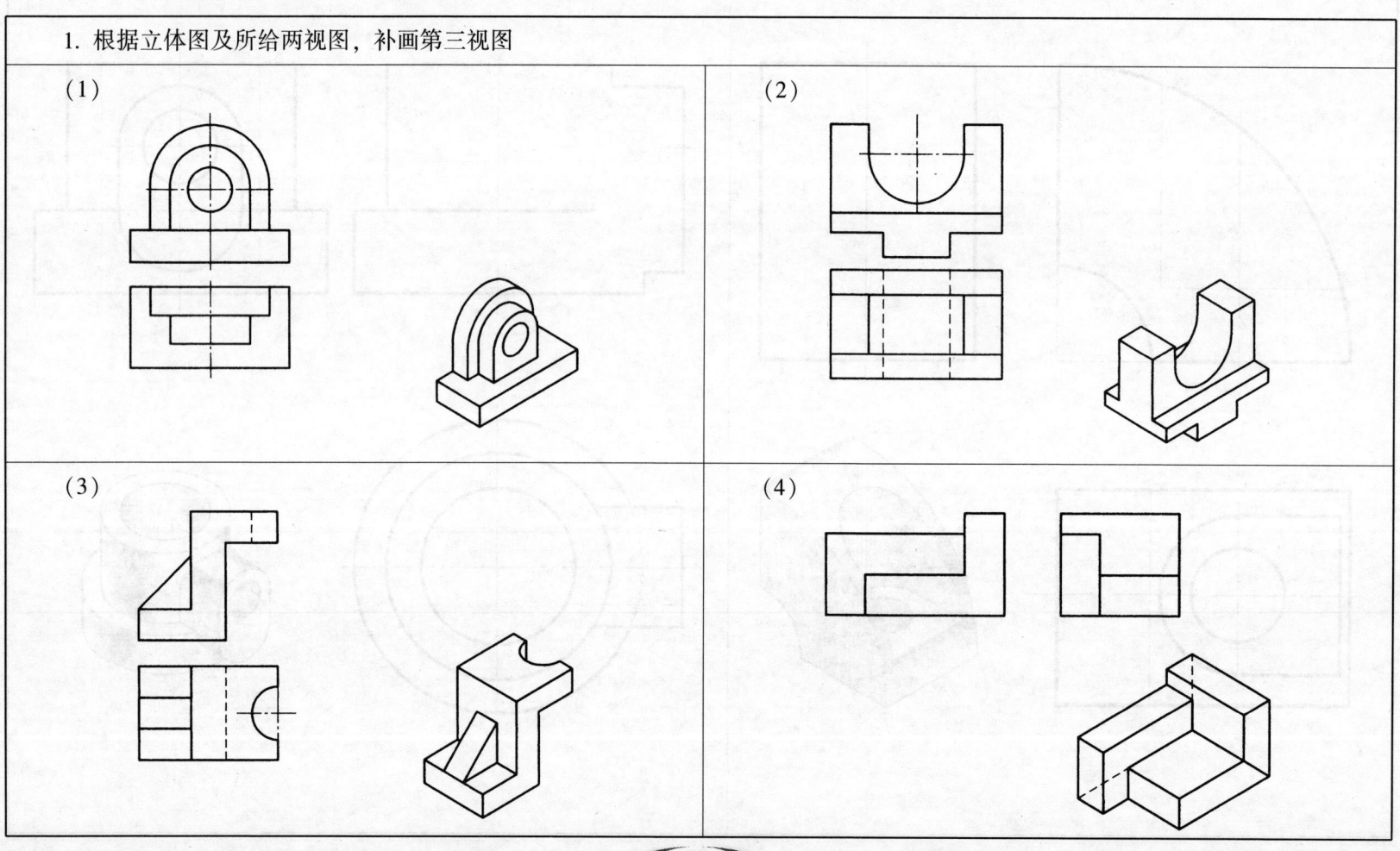

1. 根据立体图及所给两视图,补画第三视图

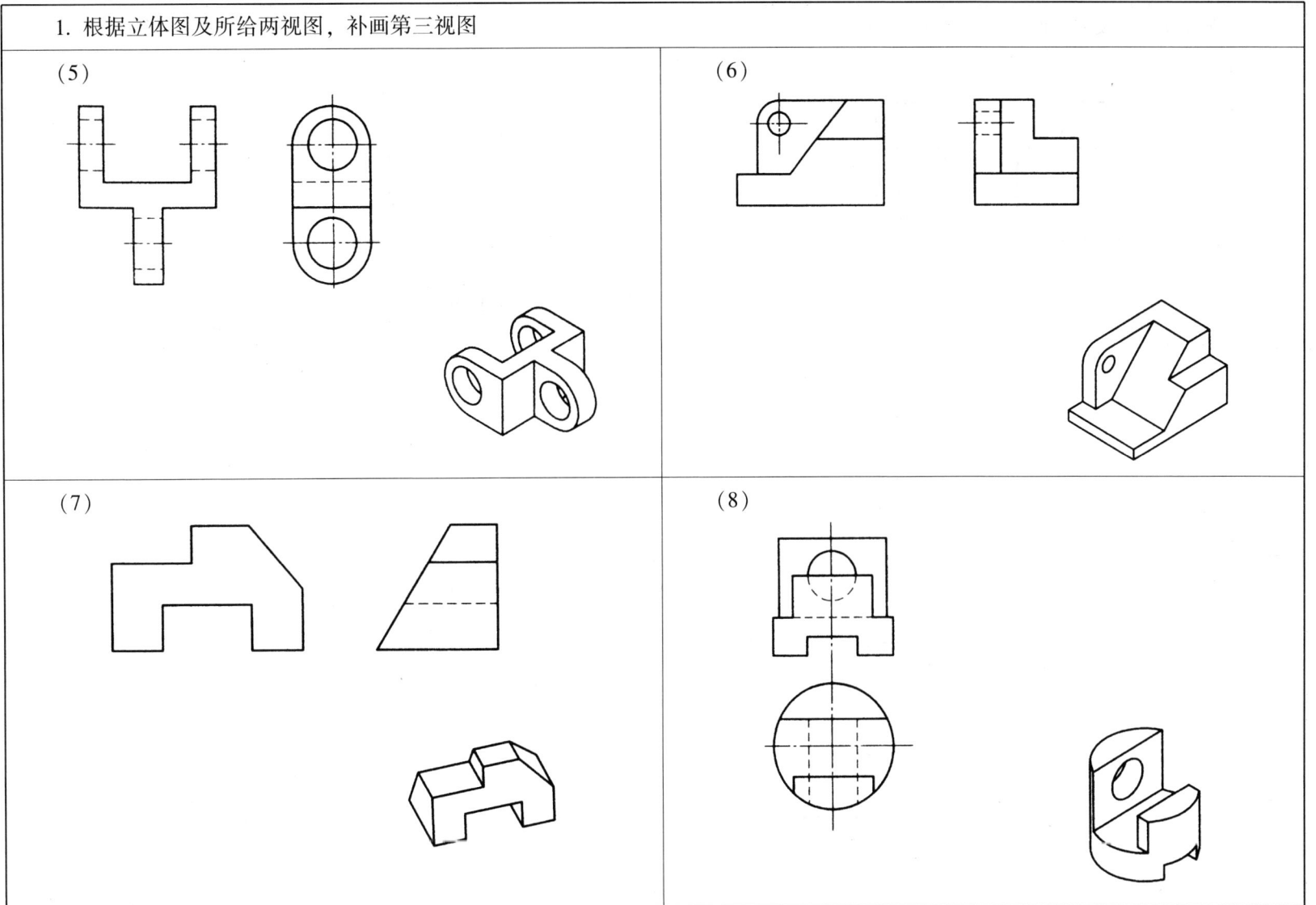

1. 根据立体图及所给两视图，补画第三视图

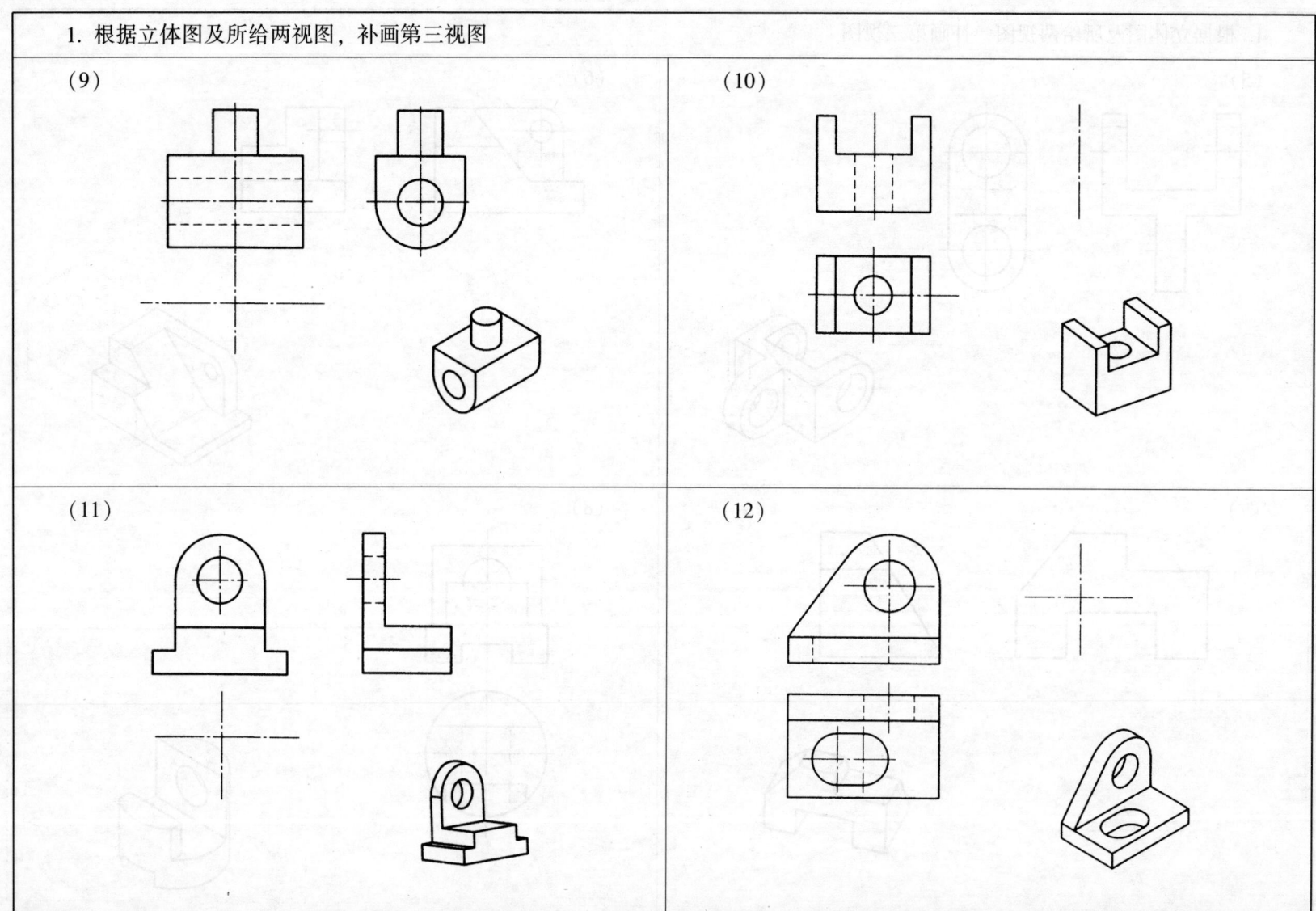

2. 根据给出的立体图画出三视图（尺寸从立体图上量取）

(1)

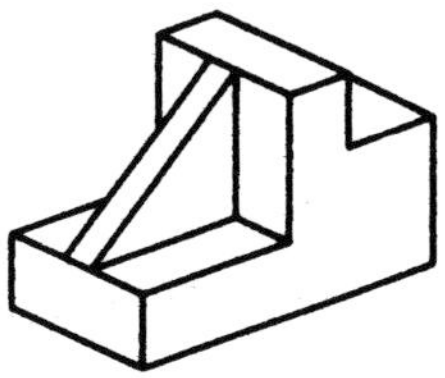

(2)

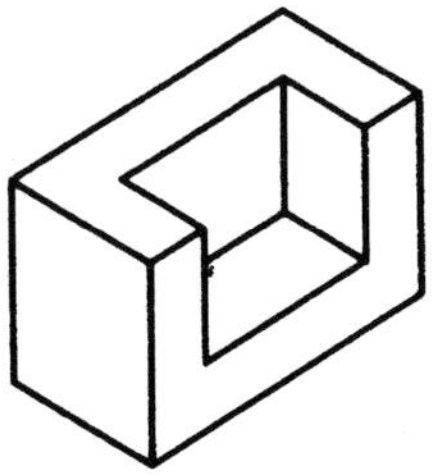

(3)

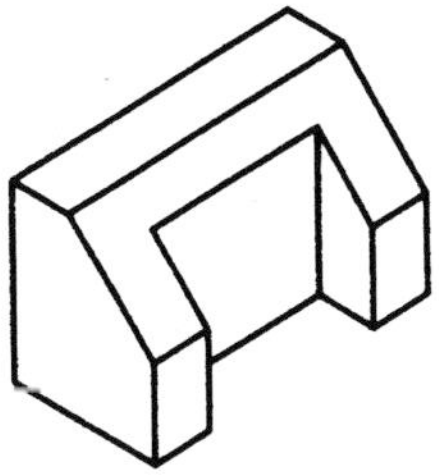

(4)

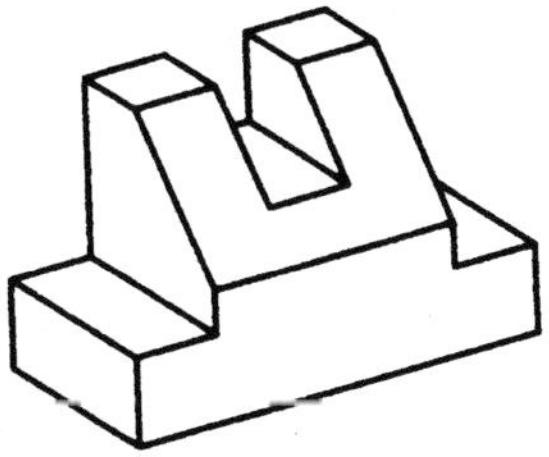

2. 根据给出的立体图画出三视图（尺寸按1：1从立体图上量取）

(5)

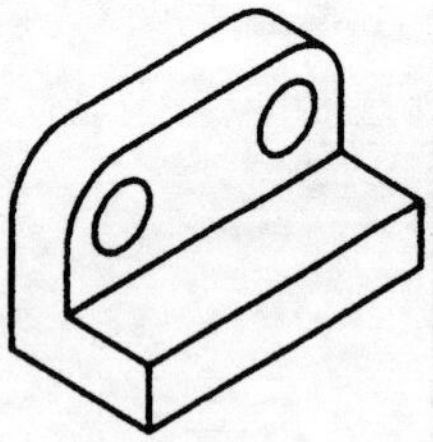

(6)

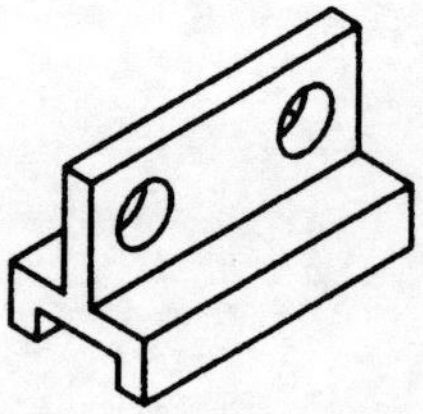

(7)

(8)

2. 根据给出的立体图画出三视图（尺寸按1∶1从立体图上量取）

(9)

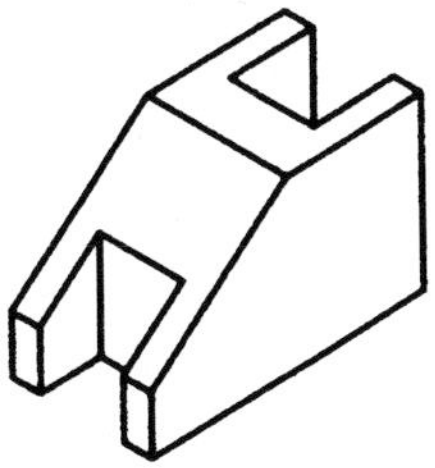

(10)

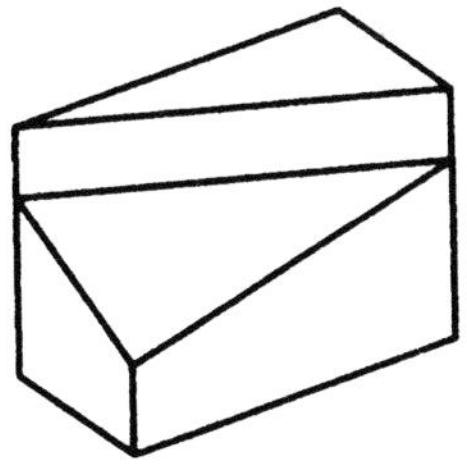

(11)

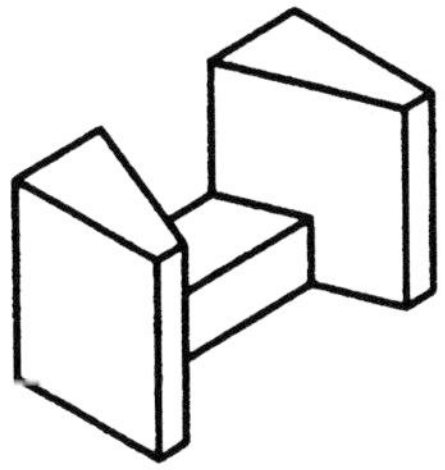

(12)

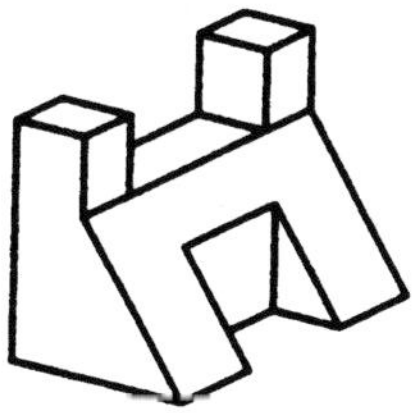

2. 根据给出的立体图画出三视图（尺寸按1:1从立体图上量取）

(13)

(14)

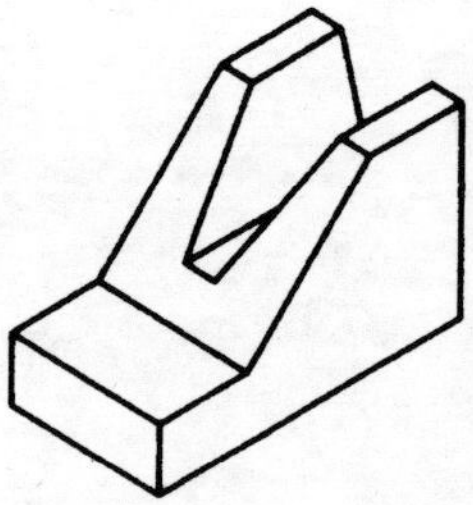

(15)

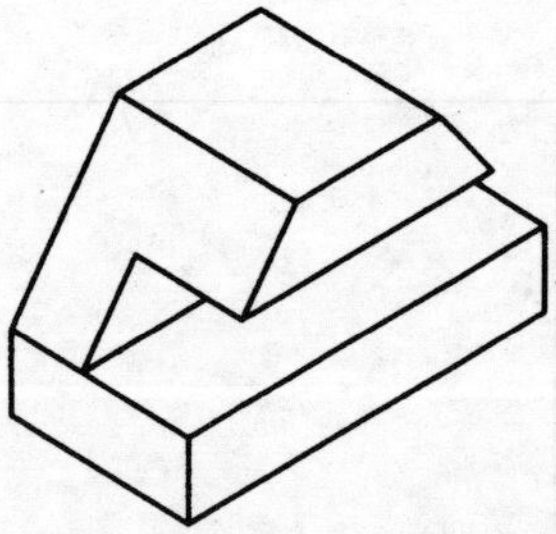

(16)

3. 根据立体图，绘制组合体的三视图（尺寸从图中量取）

(1)

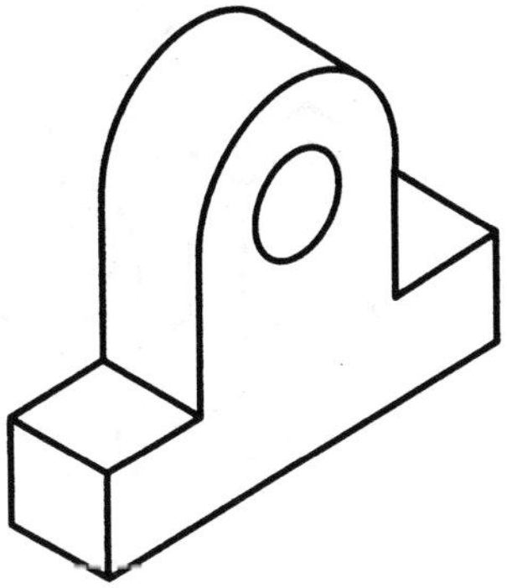

(2)

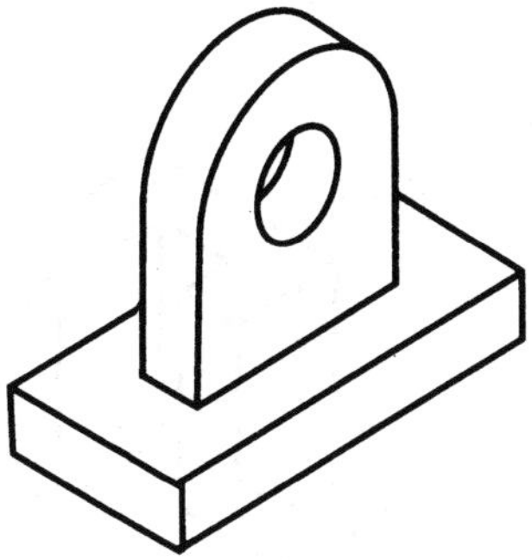

3. 根据立体图，绘制组合体的三视图（尺寸从图中量取）

(3)

(4)

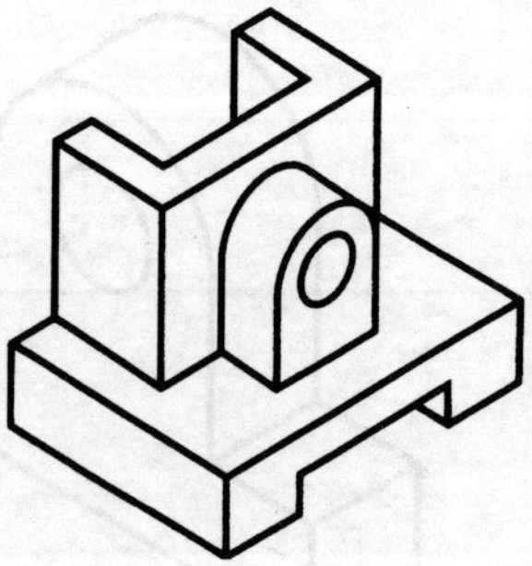

3. 根据立体图，绘制组合体的三视图（尺寸从图中量取）

(5)

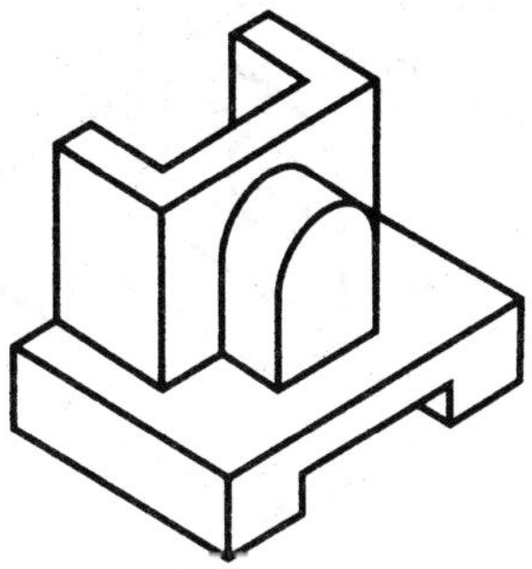

(6)

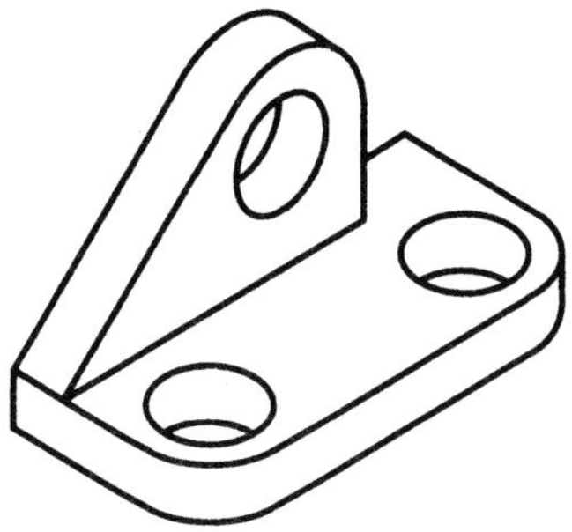

4. 按尺寸画出图示组合体的三视图

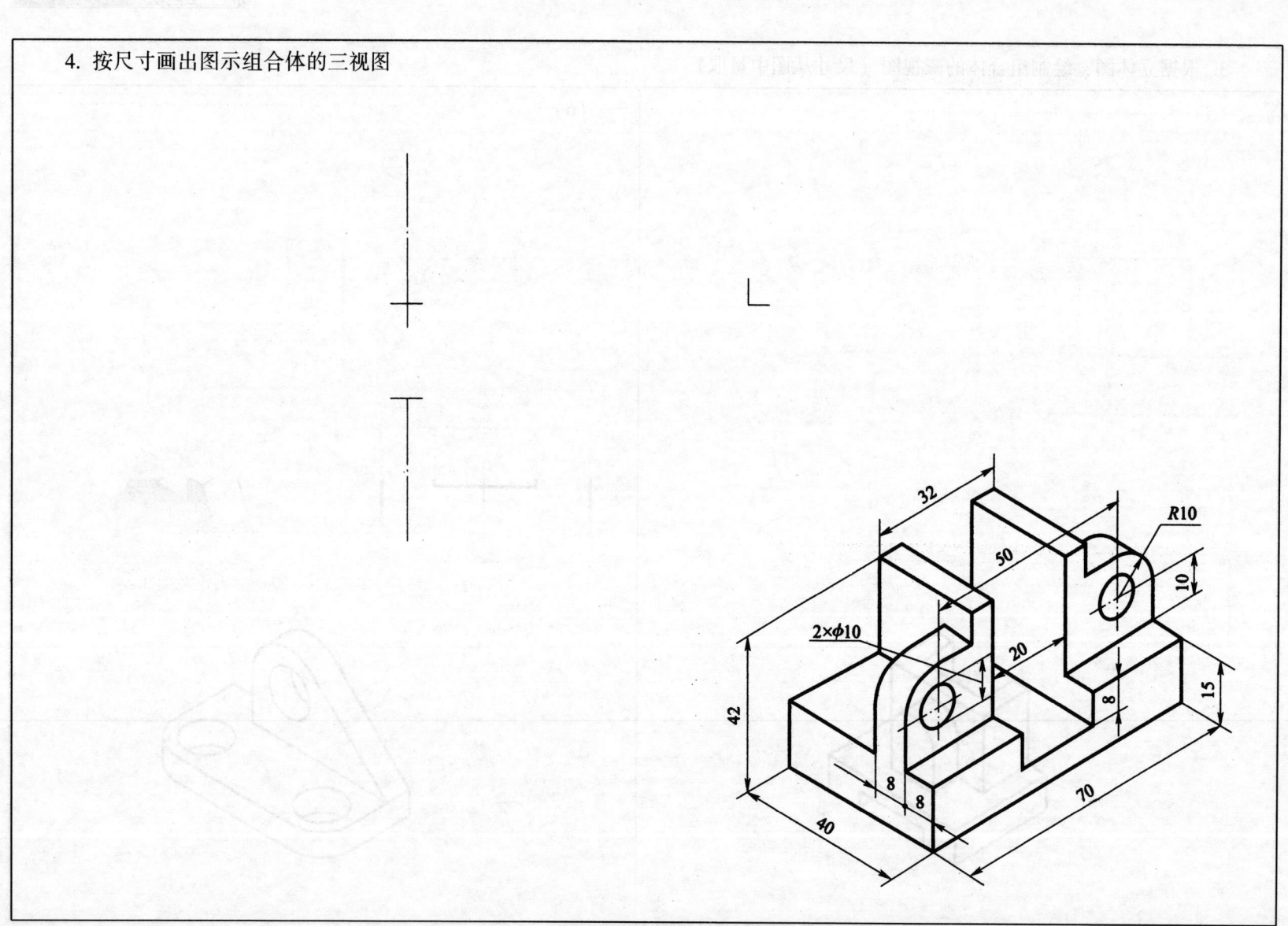

5-2 补画视图中所缺图线

1. 根据立体图补全视图中所缺的图线

(1)

(2)

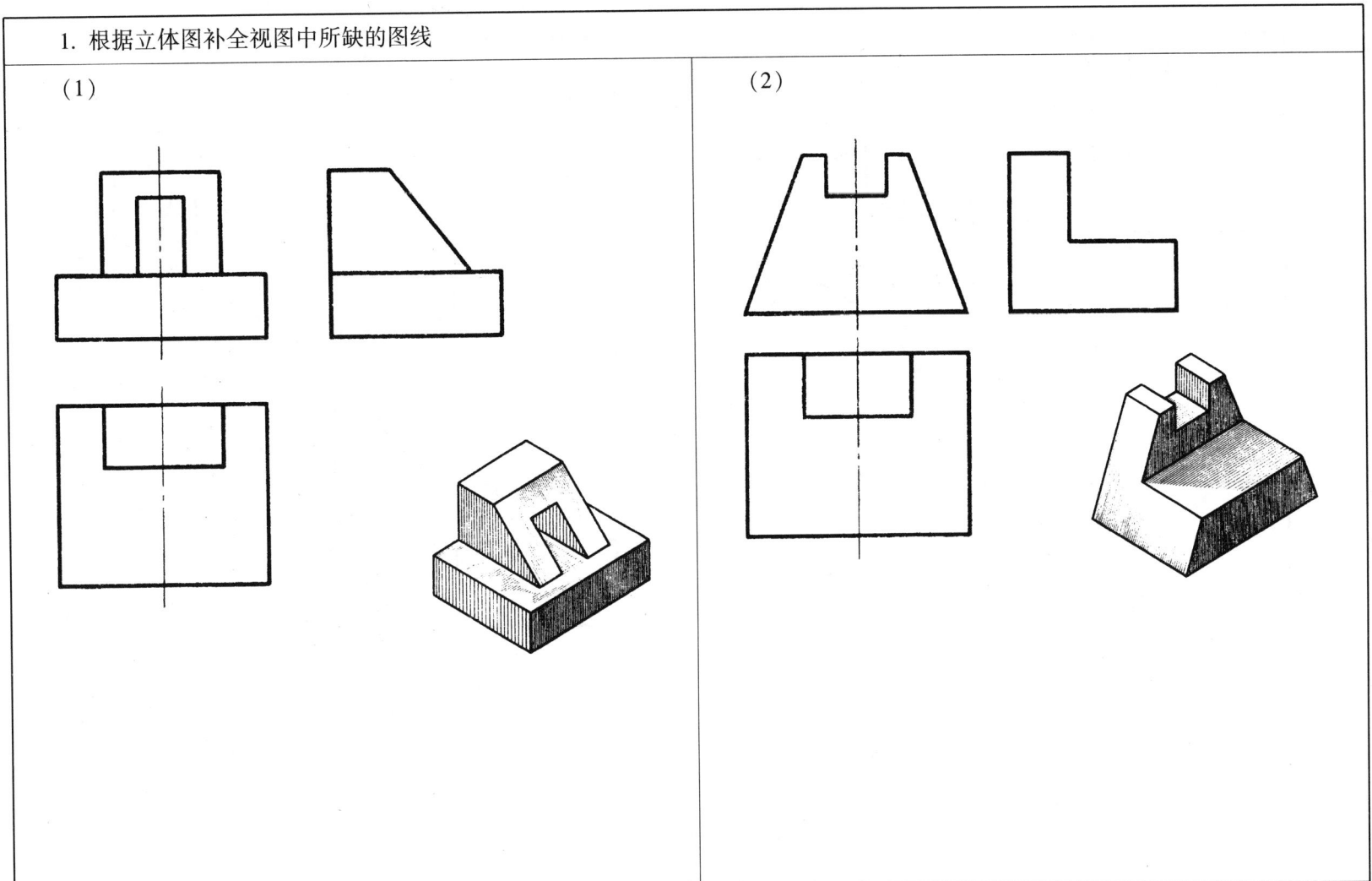

1. 根据立体图补全视图中所缺的图线

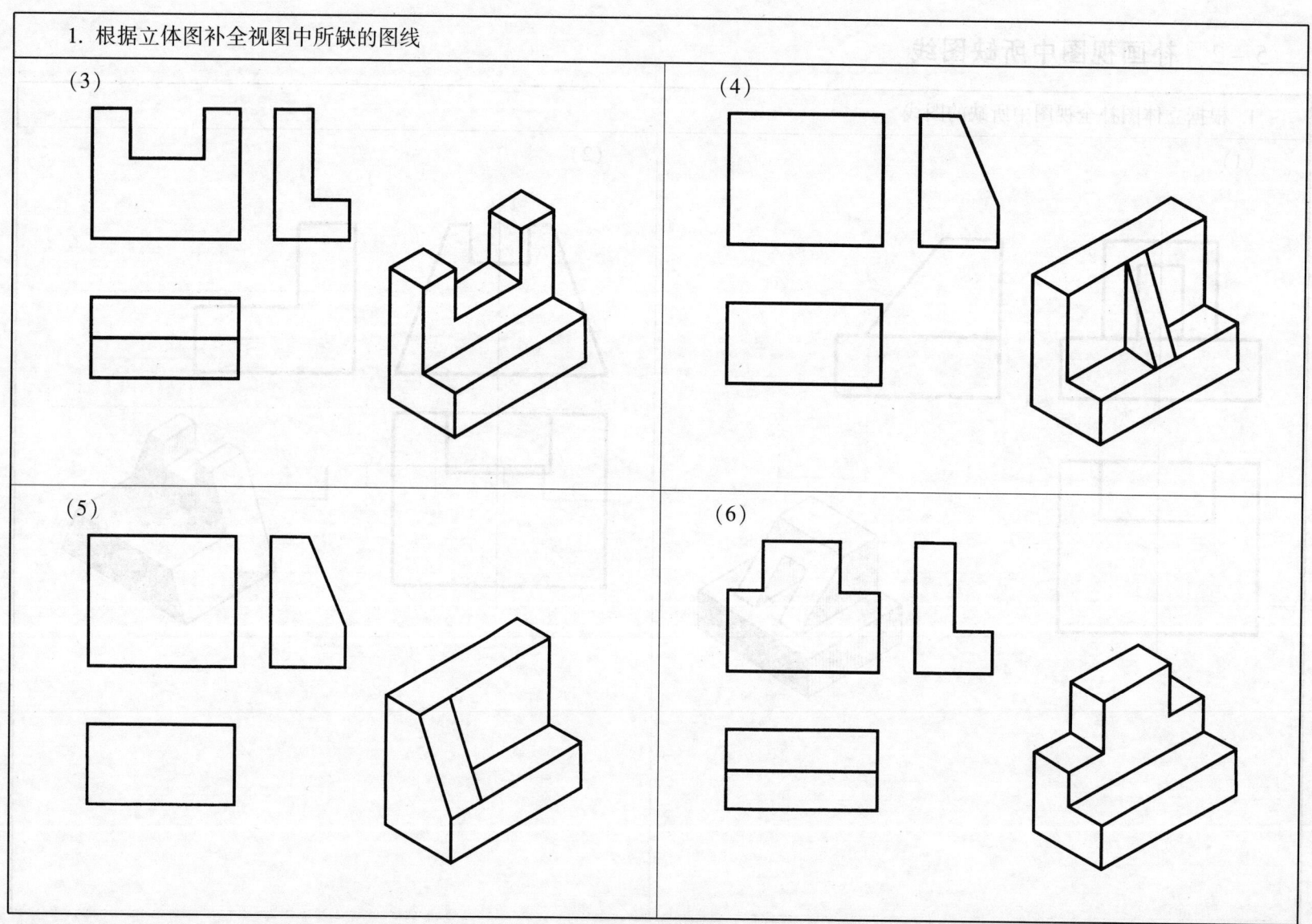

2. 补画视图中所缺图线

(1)

(2)

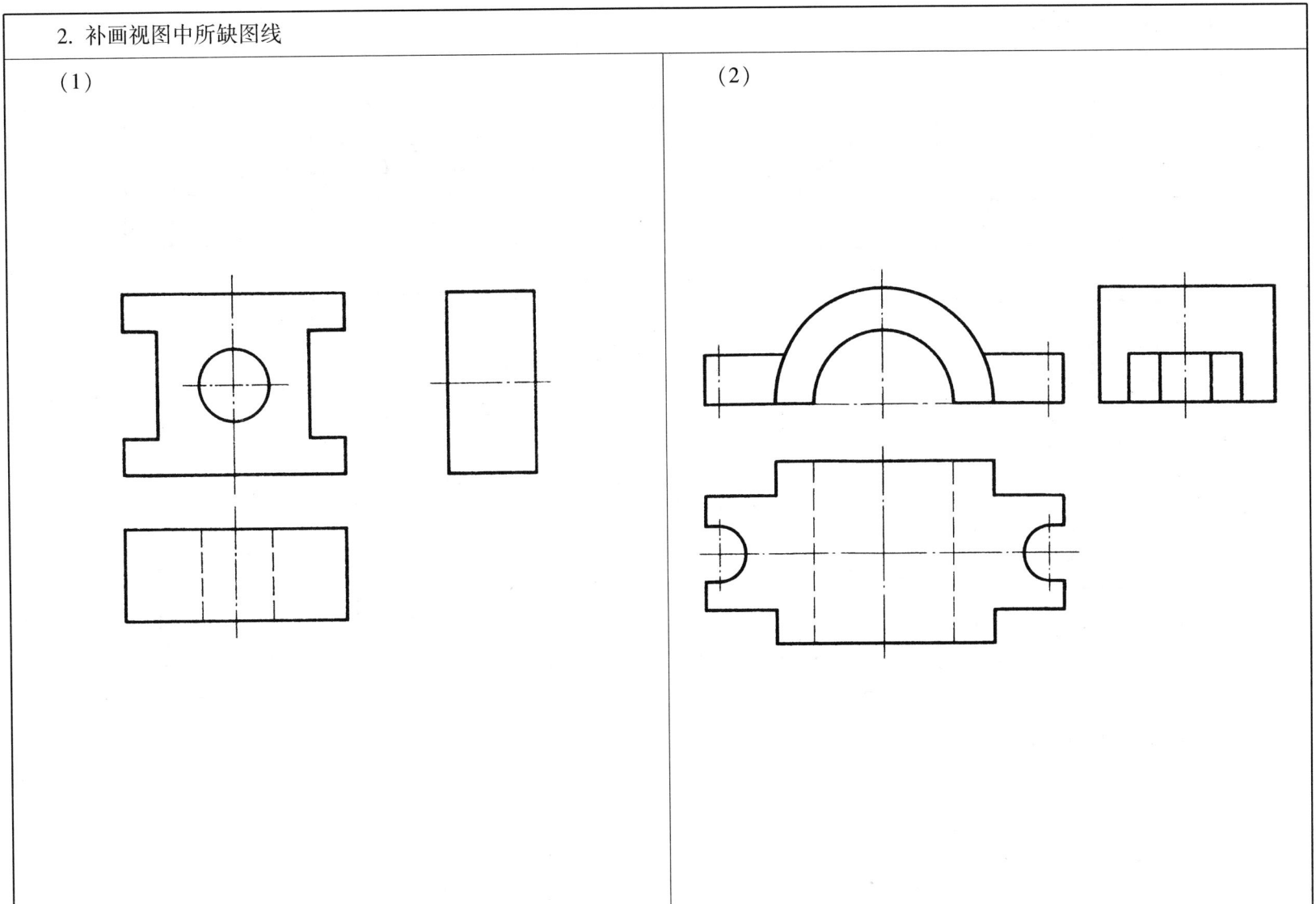

2. 补画视图中所缺图线

(3)

(4)

(5)

(6)

5-3 根据两视图补画第三视图

1. 根据主、俯两图、补画左视图。

2. 根据主、俯两图、补画左视图。

3. 根据主、左两视图、补画俯视图。

4. 根据俯、左两视图、补画主视图。

5-4 组合体的尺寸标注

1. 识读组合体三视图上的尺寸，并填空

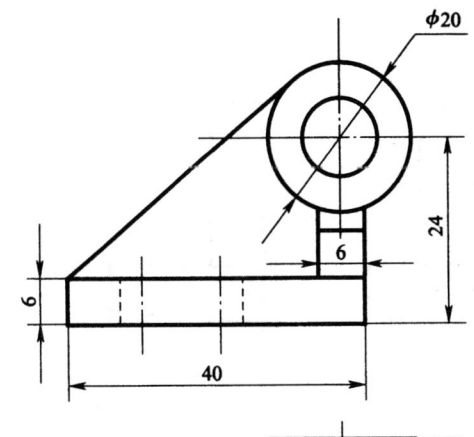
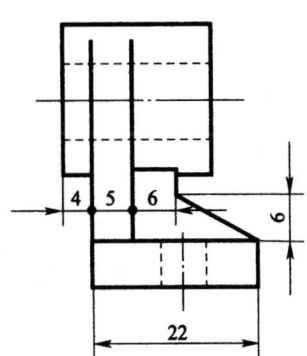
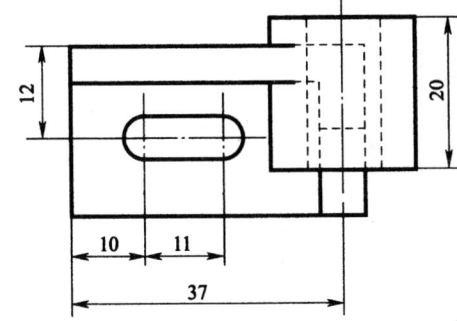

1. 圆筒的定形尺寸为_____ mm、_____ mm、_____ mm。
2. 圆筒高度方向的定位尺寸为_____ mm，宽度方向的定位尺寸为_____ mm，长度方向的定位尺寸为_____ mm。
3. 长方形底板的长为_____ mm，宽为_____ mm，高为_____ mm。
4. 底板上键槽孔的定形尺寸为_____ mm 和_____ mm，定位尺寸为_____ mm 和_____ mm。

2. 在组合体的三视图上标注尺寸（尺寸从图形中量取，取整数）

(1)

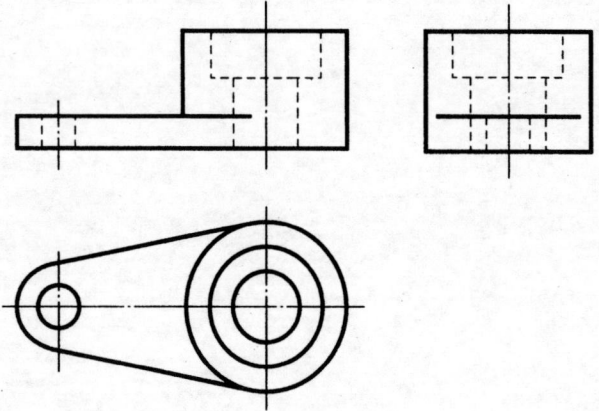

(2)

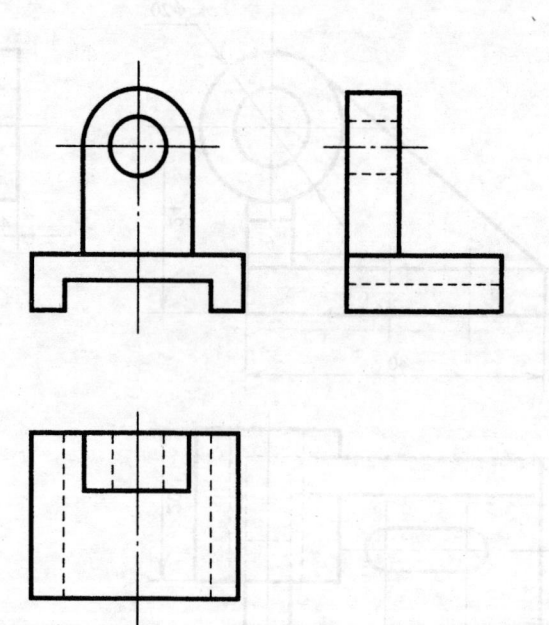

62

第六章 机件的表达方法

6-1 基本视图

1. 根据主、俯、左三视图，补画右、后、仰三视图

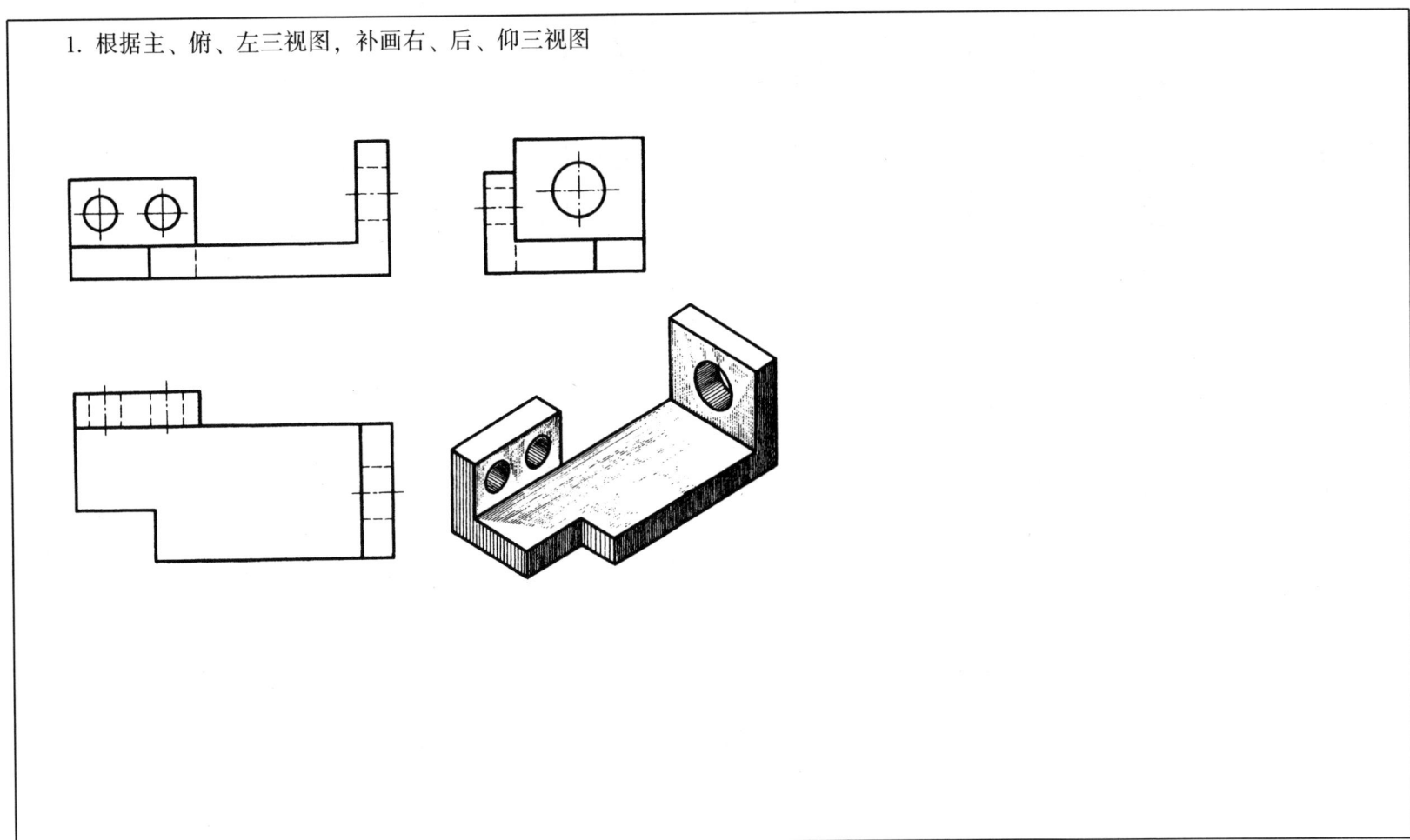

2. 根据三个基本视图，按图中箭头所指补画三个视图

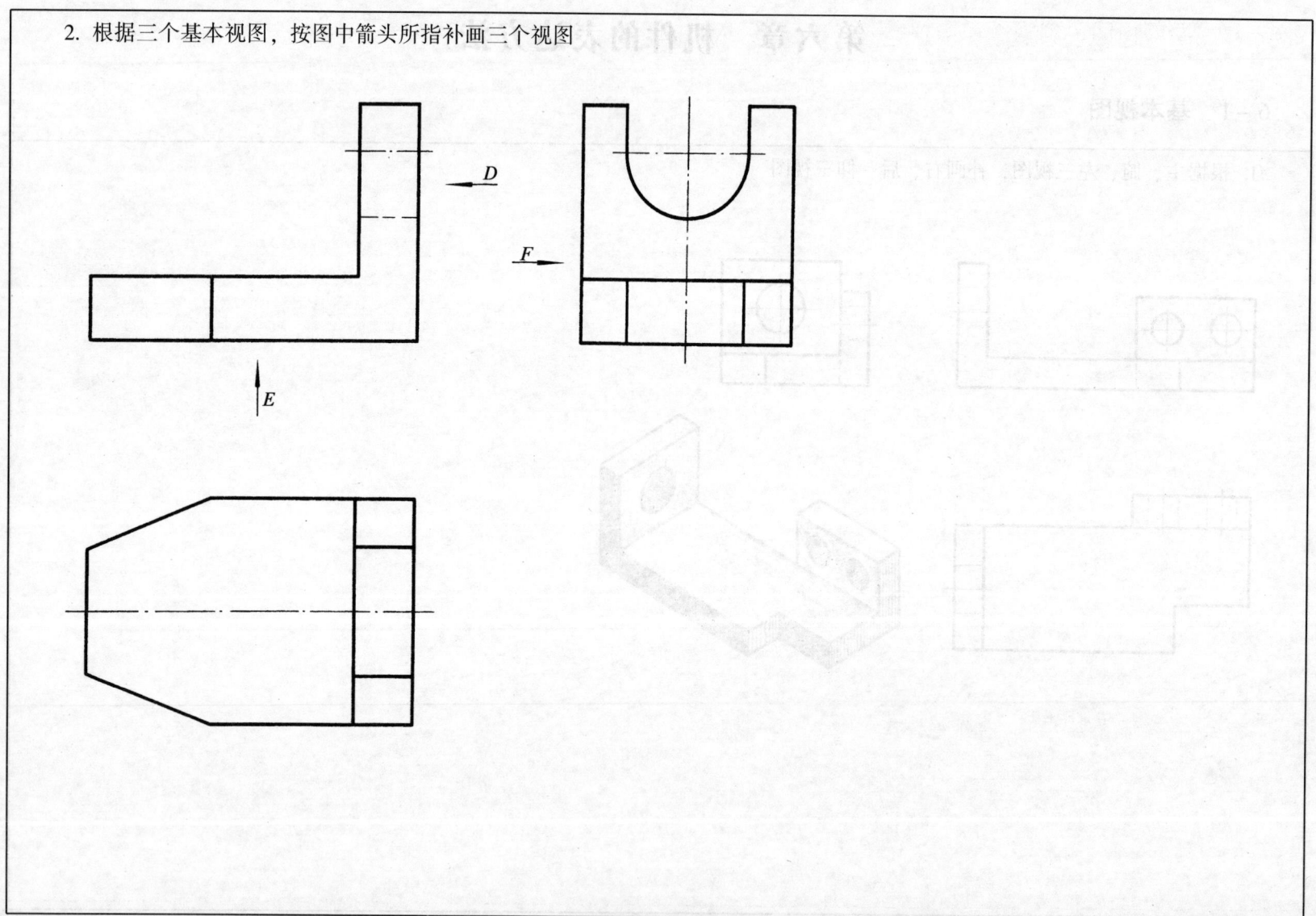

6-2 局部视图，斜视图和向视图

1. 根据主视图和轴测图，补画局部视图和斜视图，将机件形状表达清楚（比例为1：1）

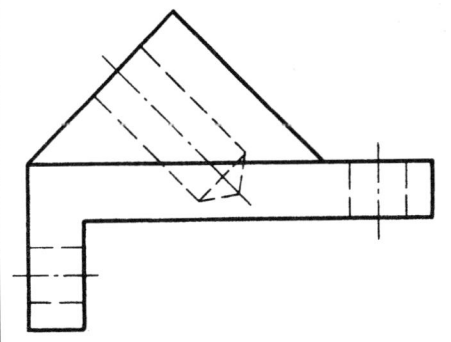

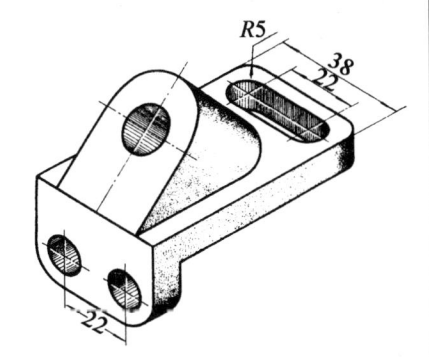

2. 根据主视图和轴测图，徒手补画局部视图，将机件形状表达清楚

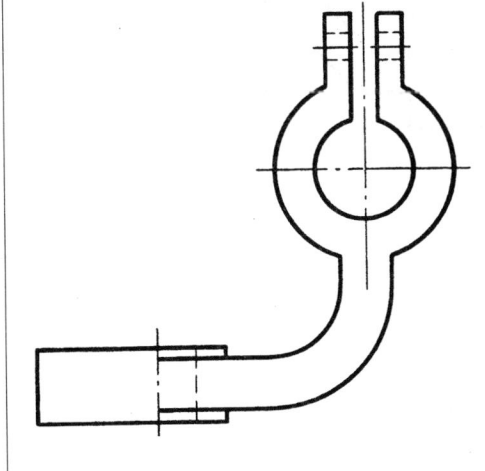

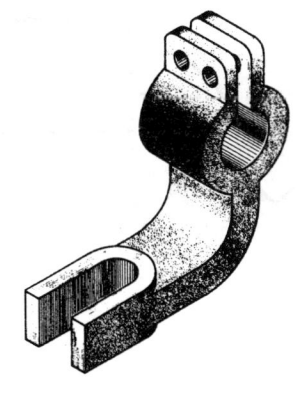

3. 根据主视图和轴测图，画局部视图和斜视图（宽向尺寸从轴测图中 2：1 量取）

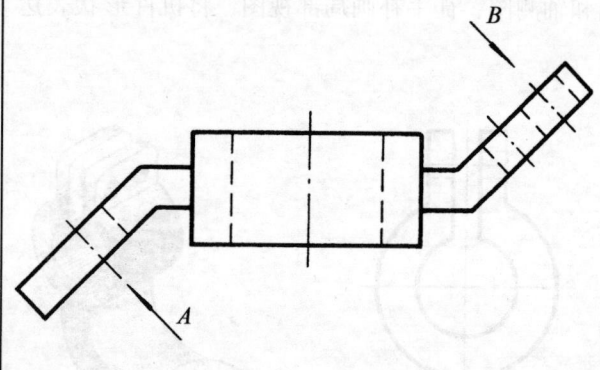

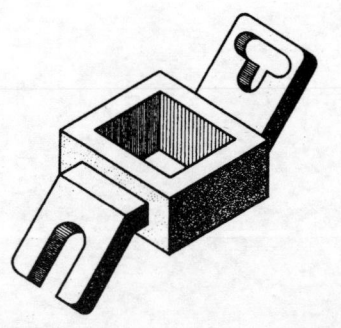

4. 画局部视图 A、斜视图 B 和向视图 E（宽向尺寸从轴测图中 2：1 量取）

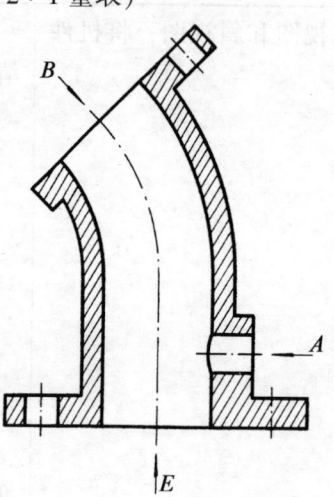

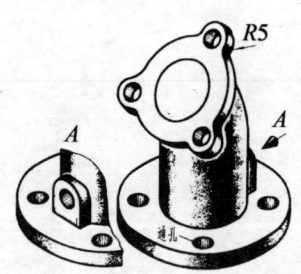

6-3 剖视图

1. 补画剖视图中所缺的图线

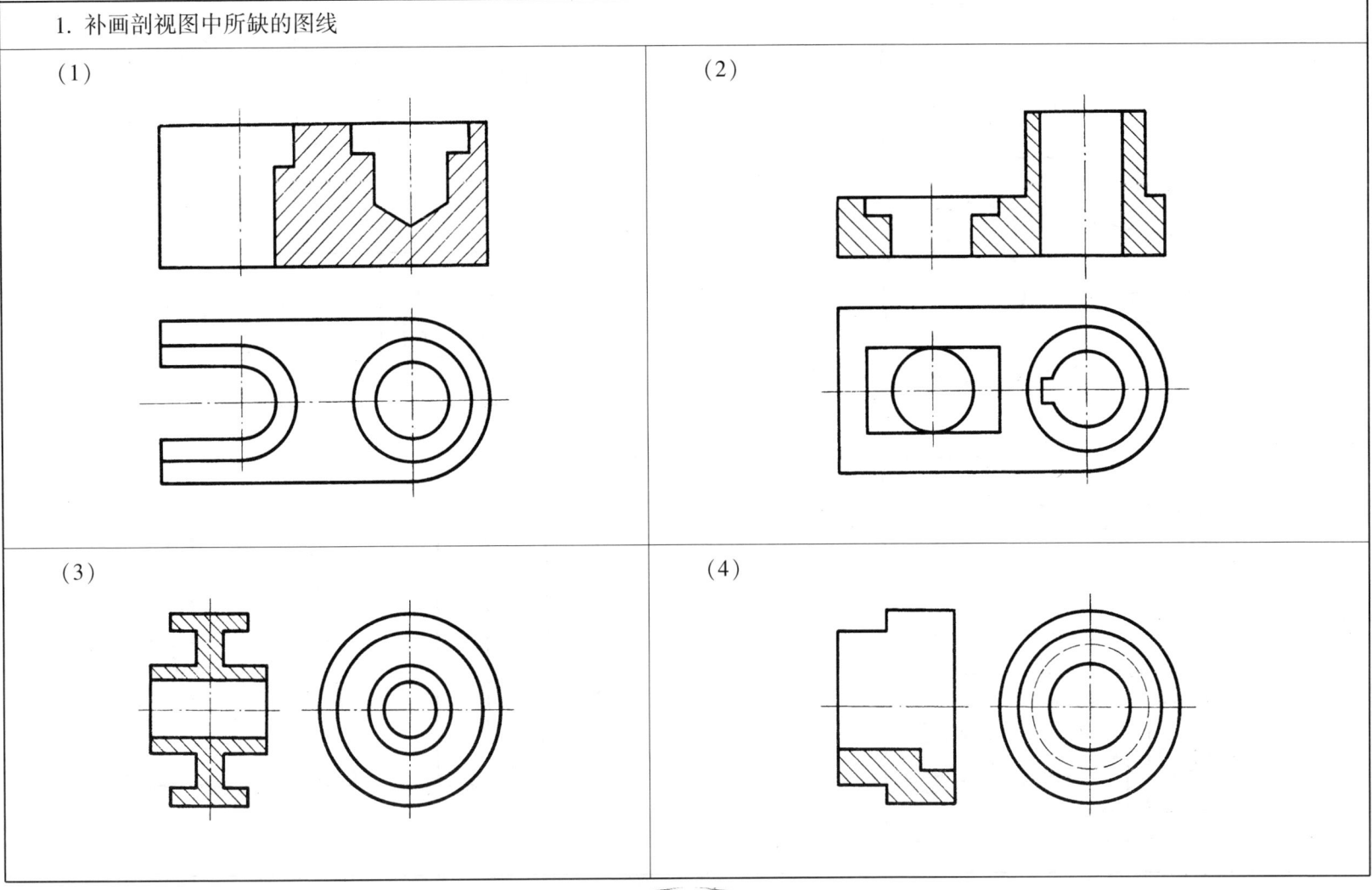

2. 将主视图改画成全剖视图

(1)

(2)

(3)

(4)

2. 将主视图改画成全剖视图

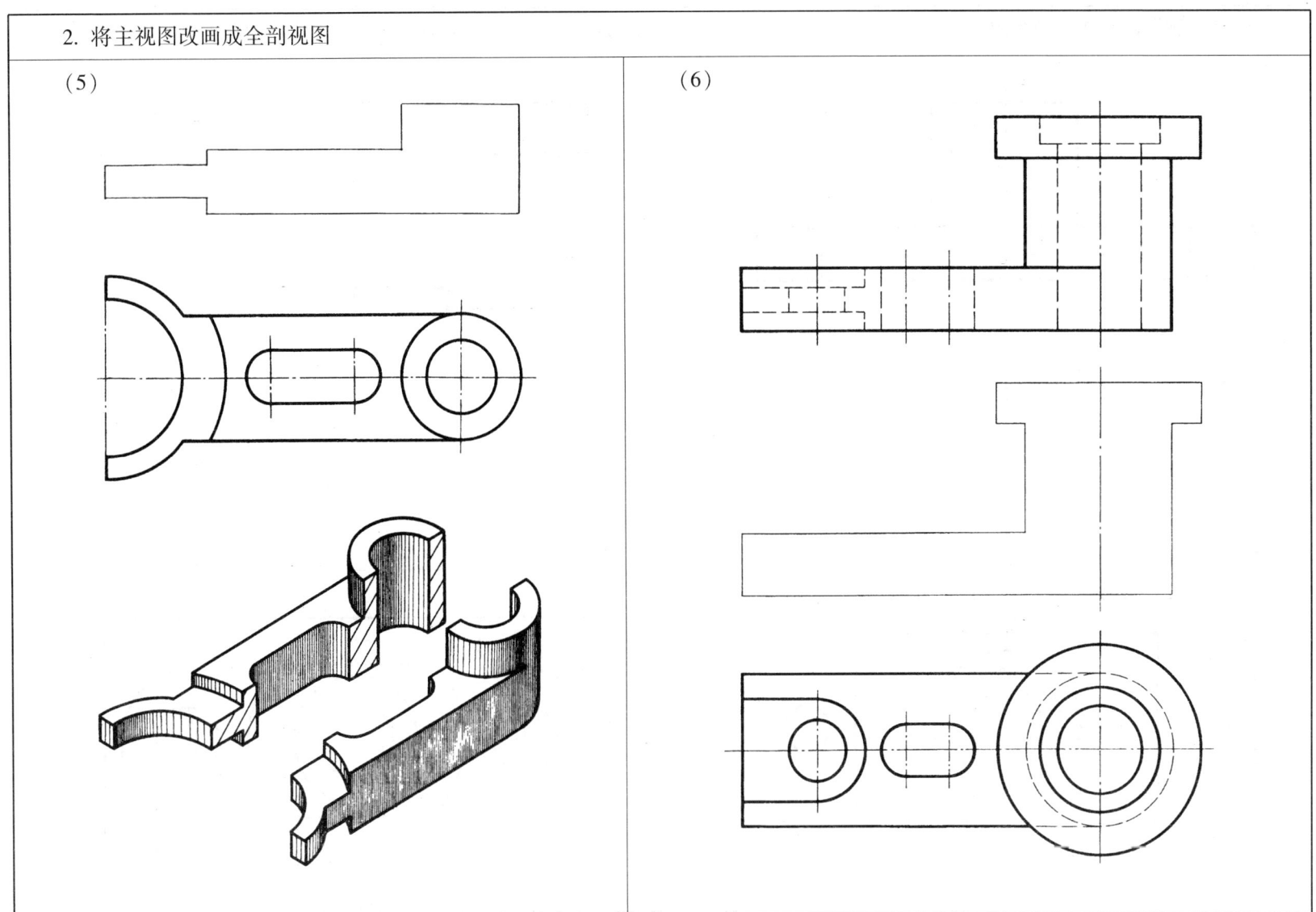

3. 将主视图改画成半剖视图

4. 徒手完成下边的半剖视图,再用仪器画出正规的半剖视图

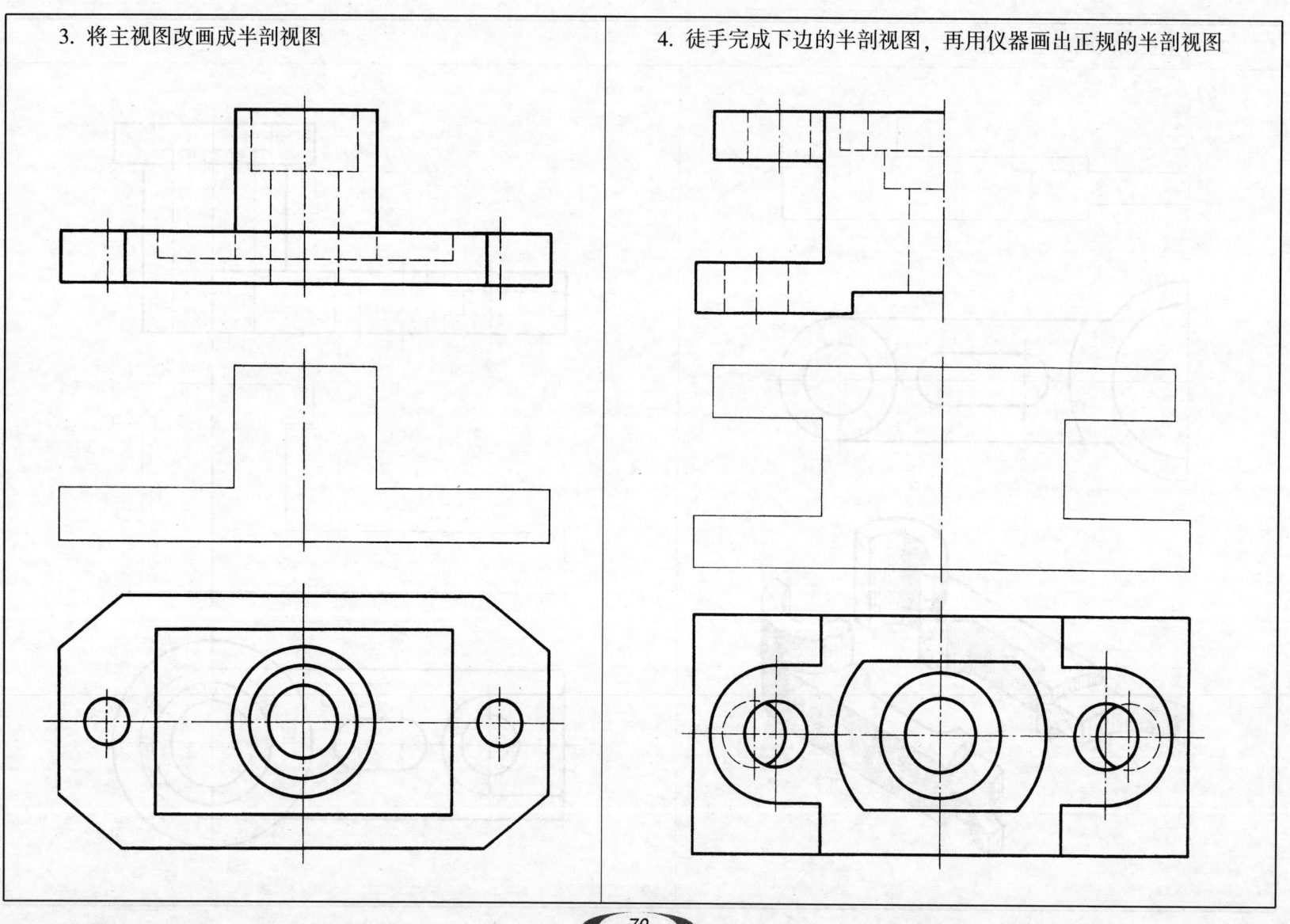

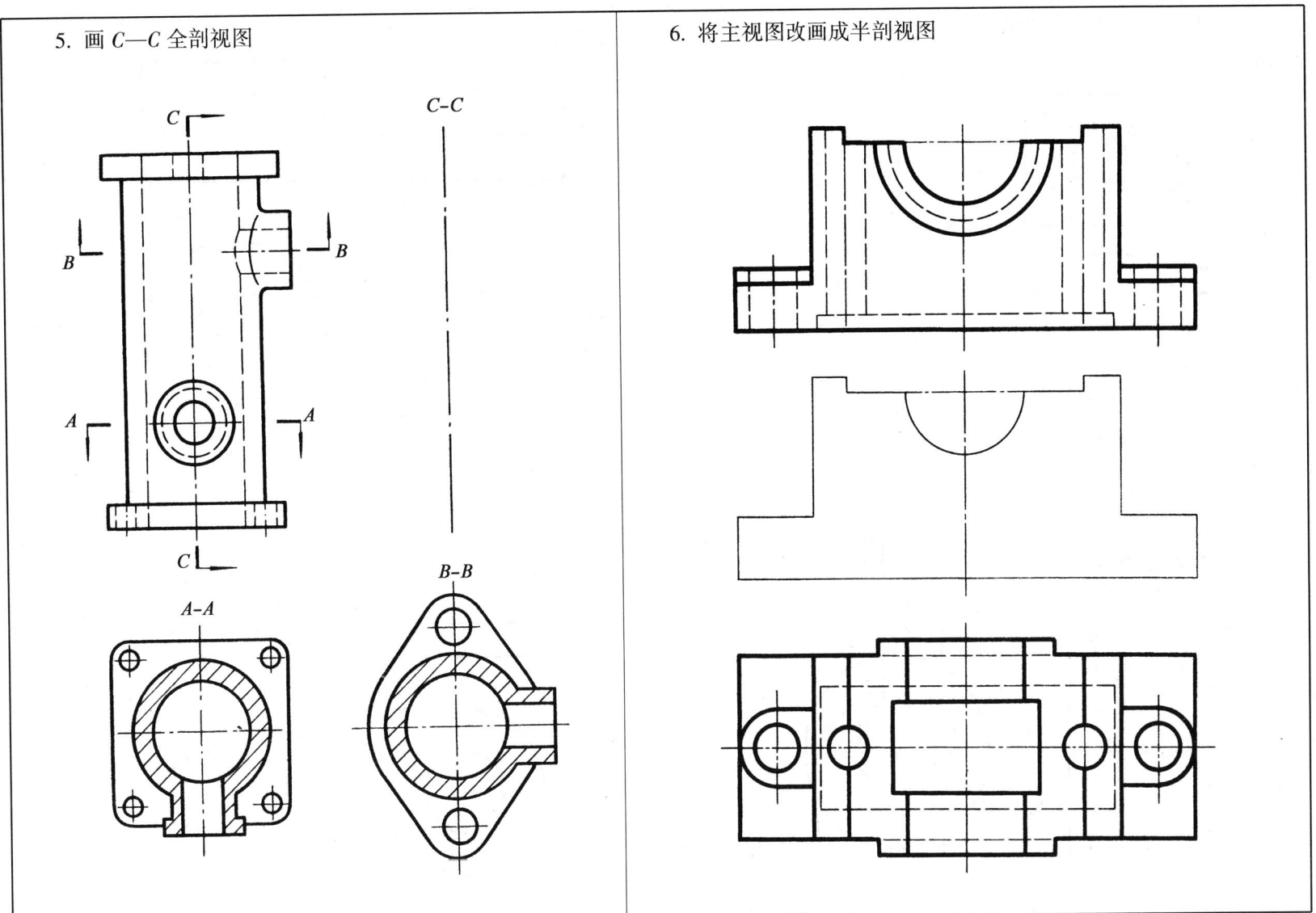

7. 分析局部剖视图中的错误，在右边作出正确的局部剖视图

8. 将主视图画成局部剖视图

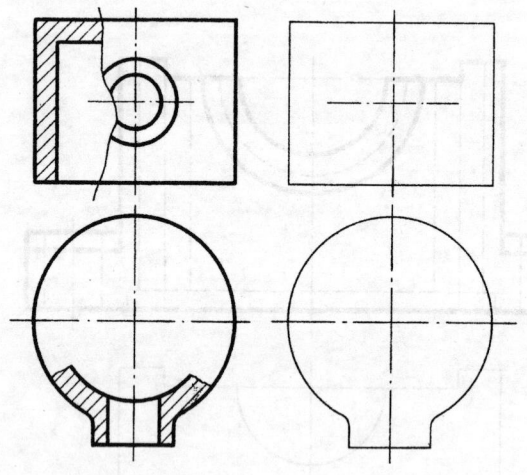
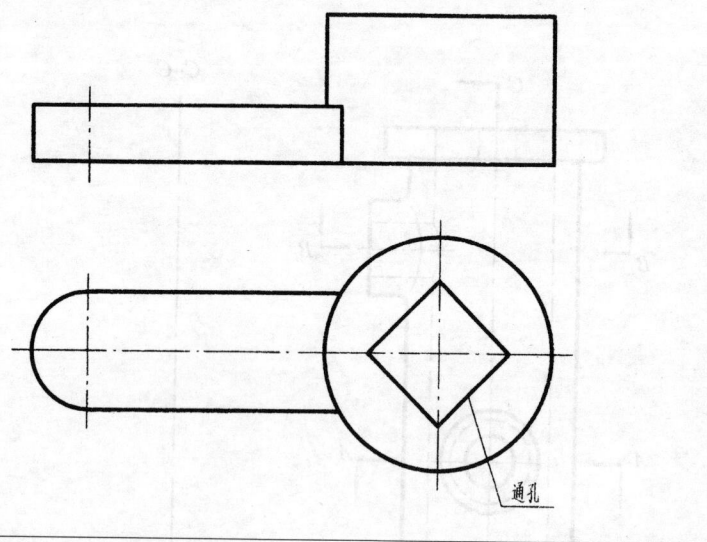

通孔

9. 在适当部位作局部剖视

10. 在适当部位作局部剖视

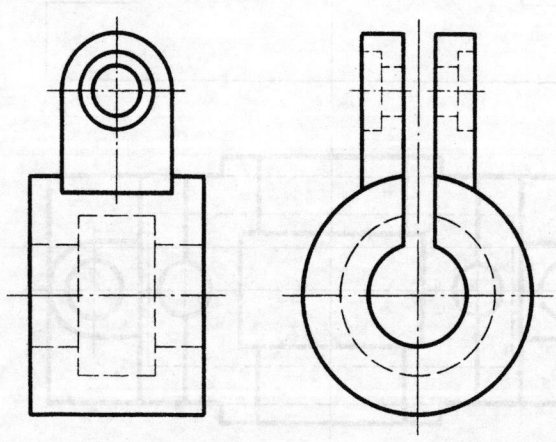
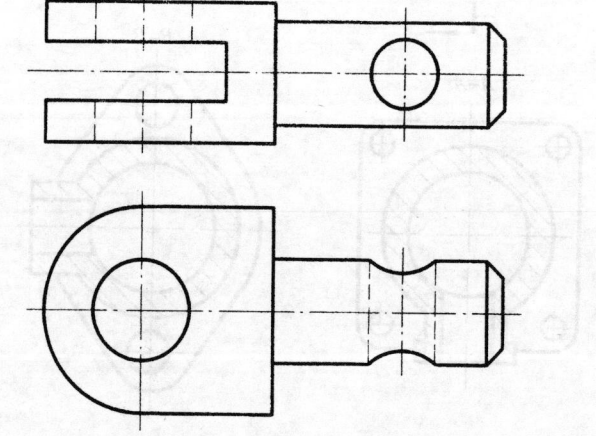

11. 画全剖视图（用单一斜平面剖切）

12. 徒手画全剖视图

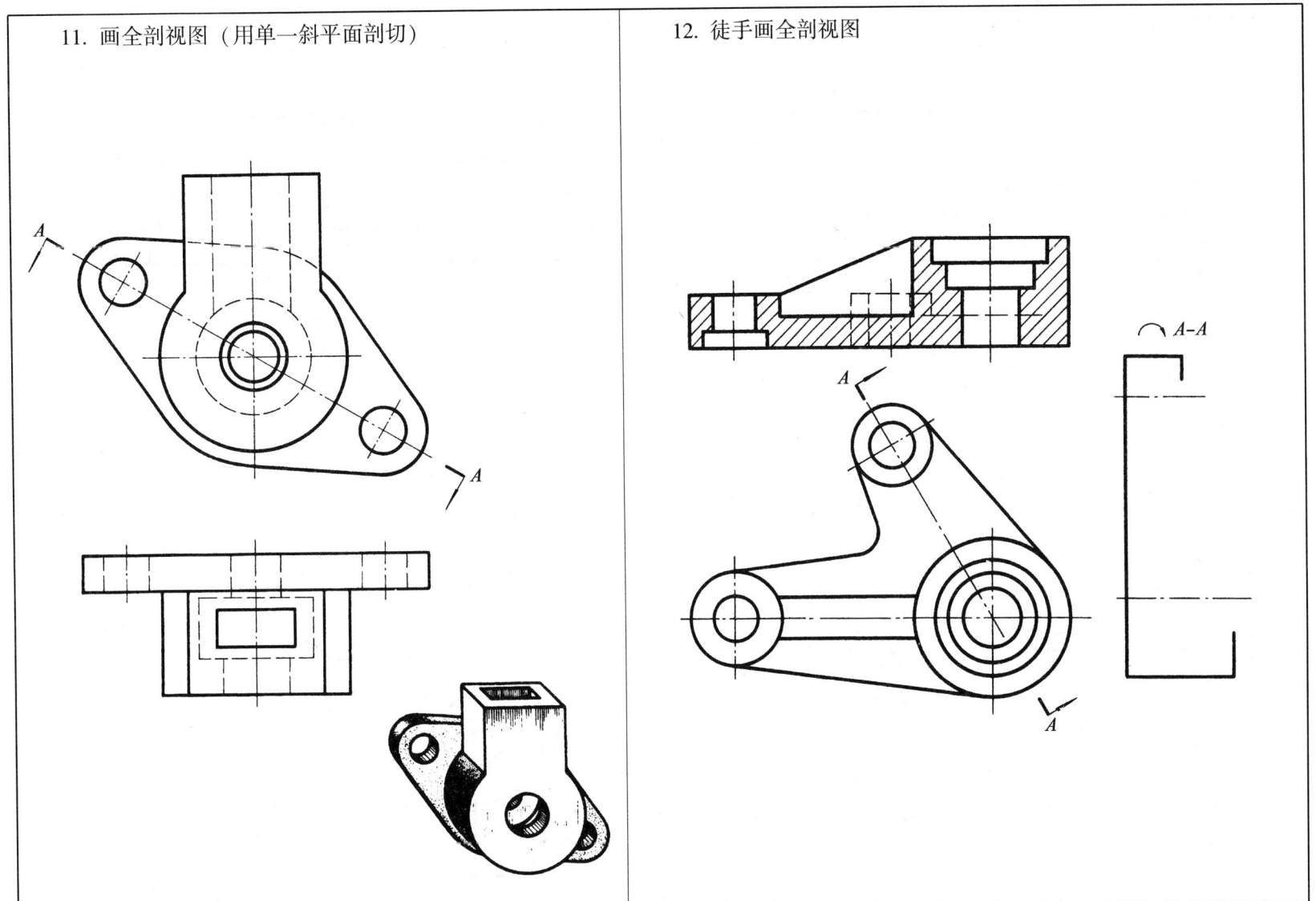

13. 将主视图改画为全剖视图（用两个平行的剖切平面剖切）

(1)　　　　　　　　　　　　　　　　　(2)

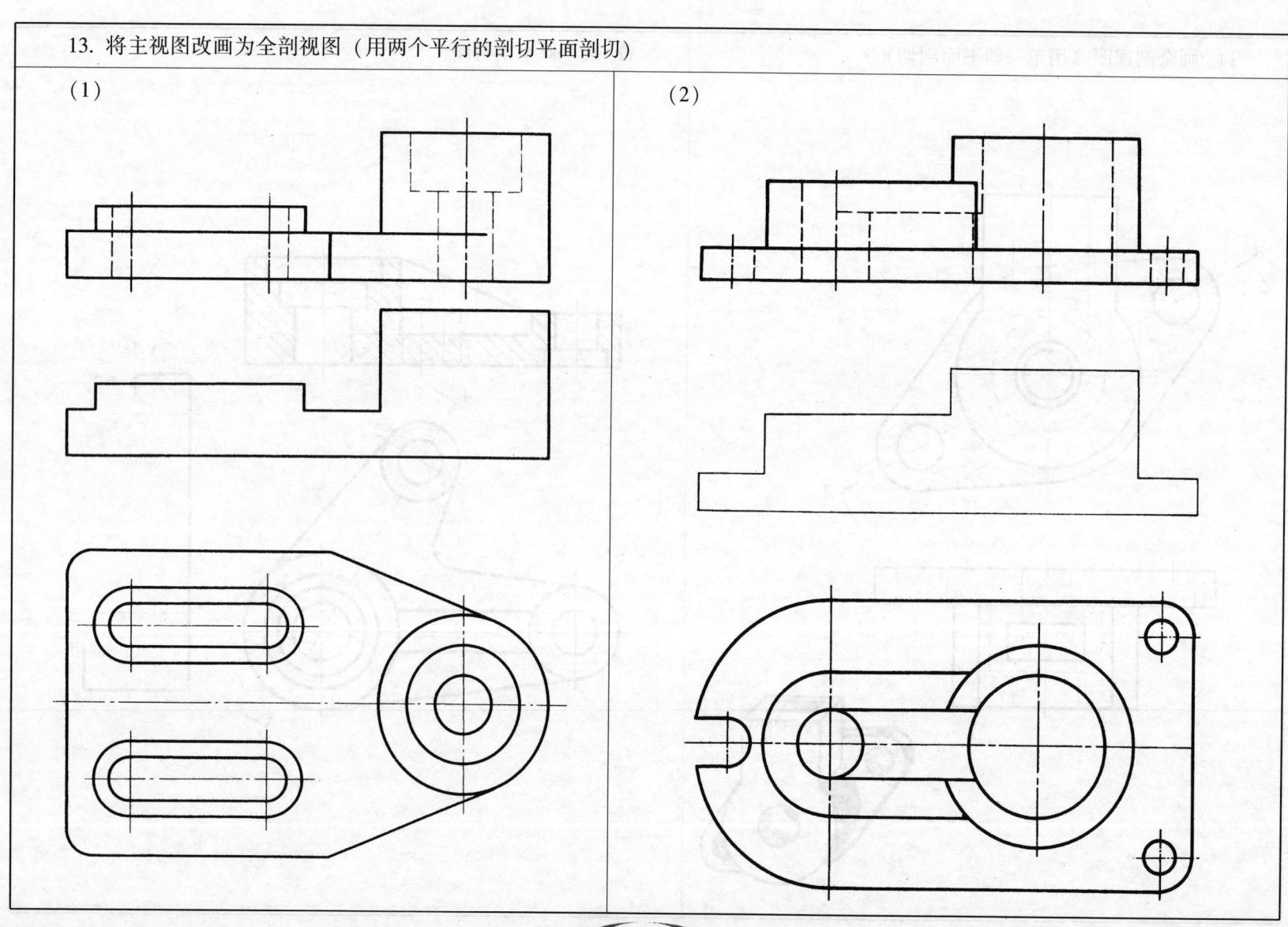

13. 将主视图改画为全剖视图（用两个相交的剖切平面剖切）

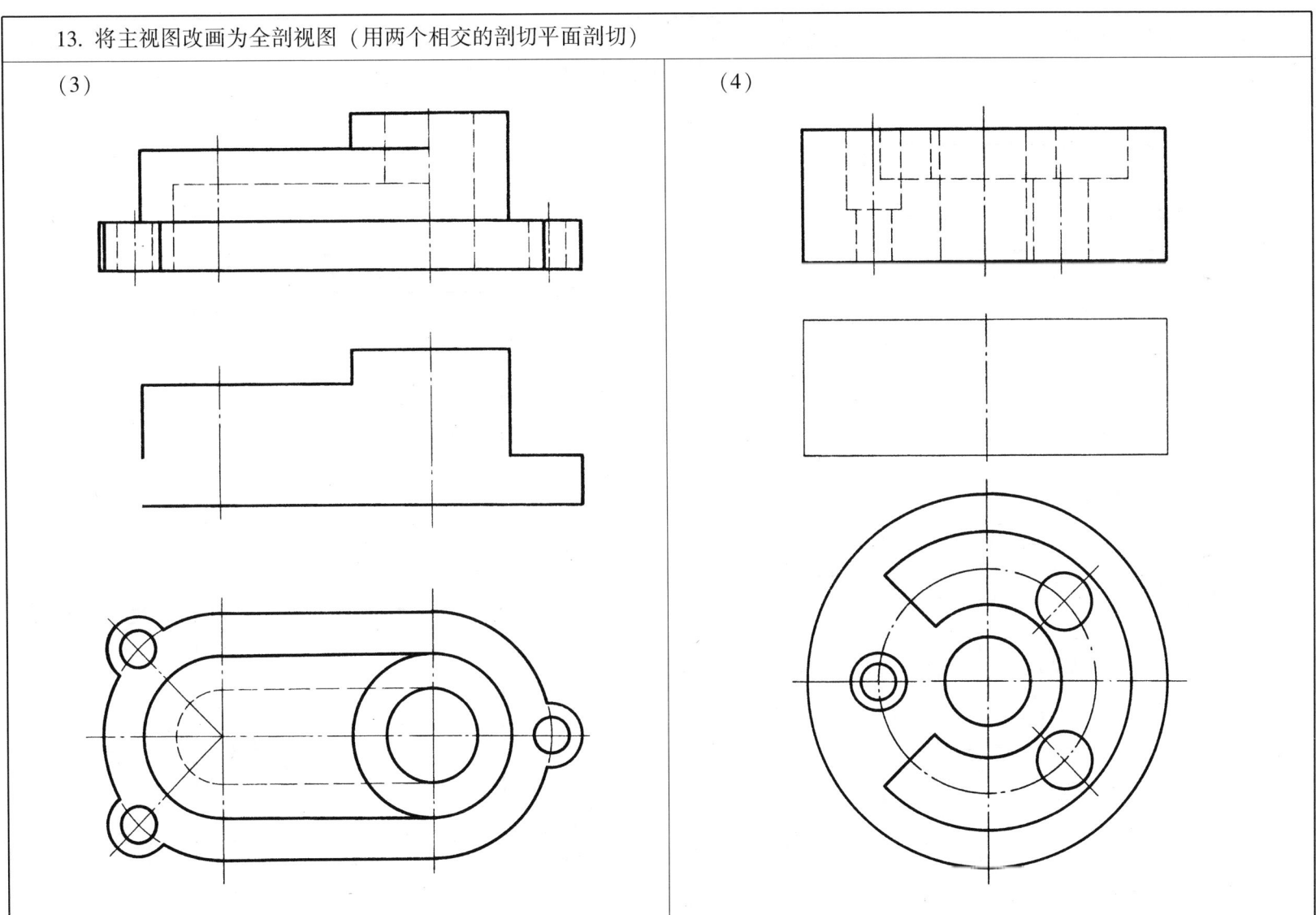

14. 将主视图改画成全剖视图（用几个相交的剖切面剖切）

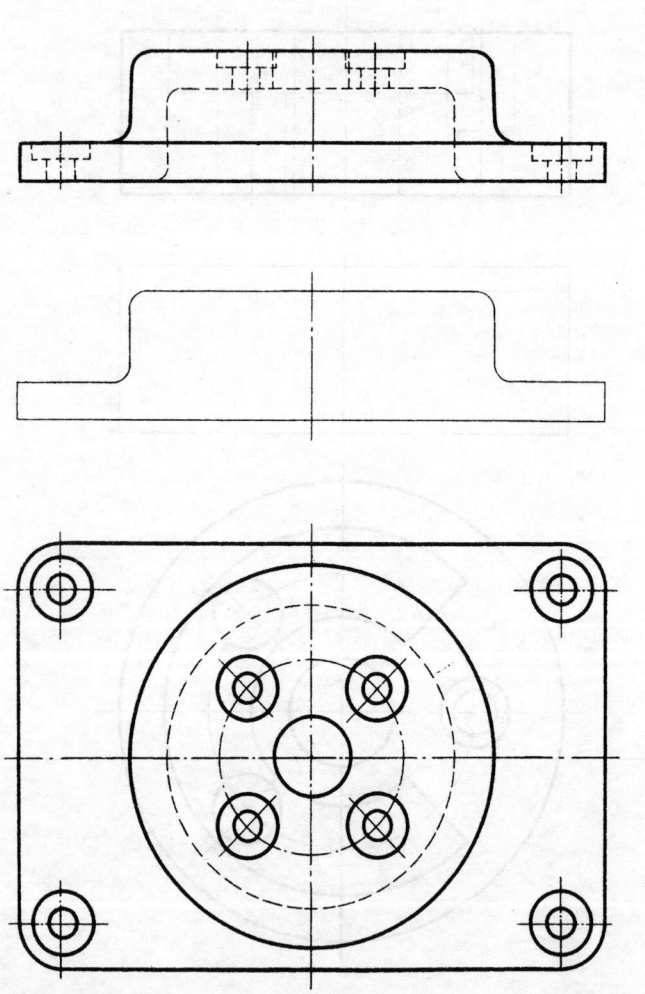

15. 将主、俯视图改画成局部剖视图（主视图用两个平行的剖切平面剖切。机件上的圆孔均为通孔）

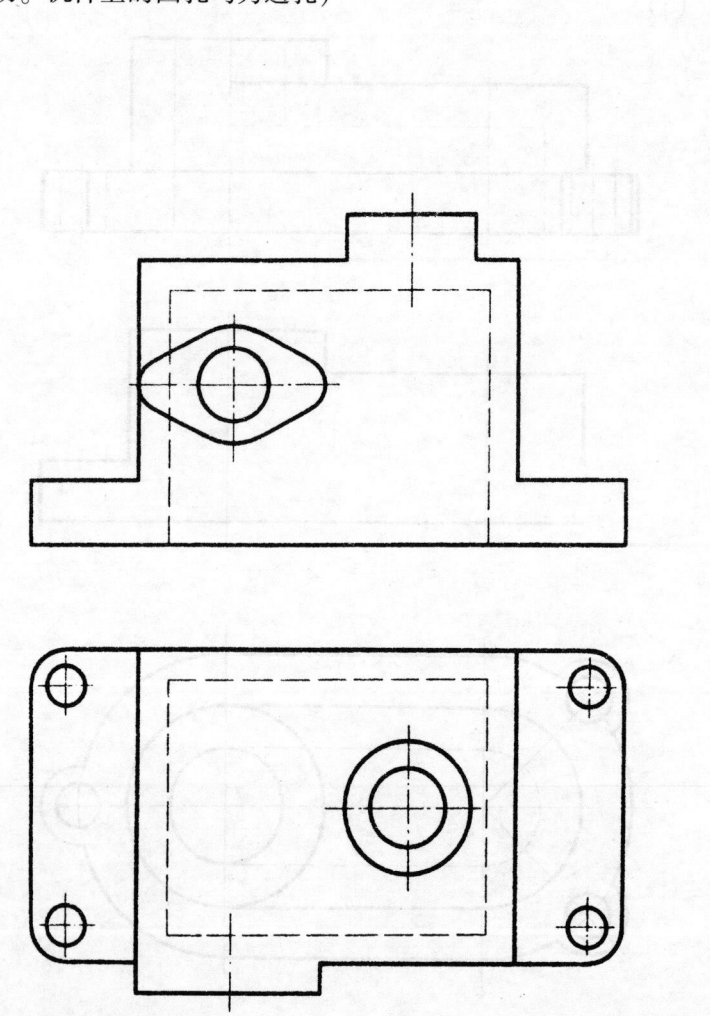

16. 在指定位置画出正确的剖视图

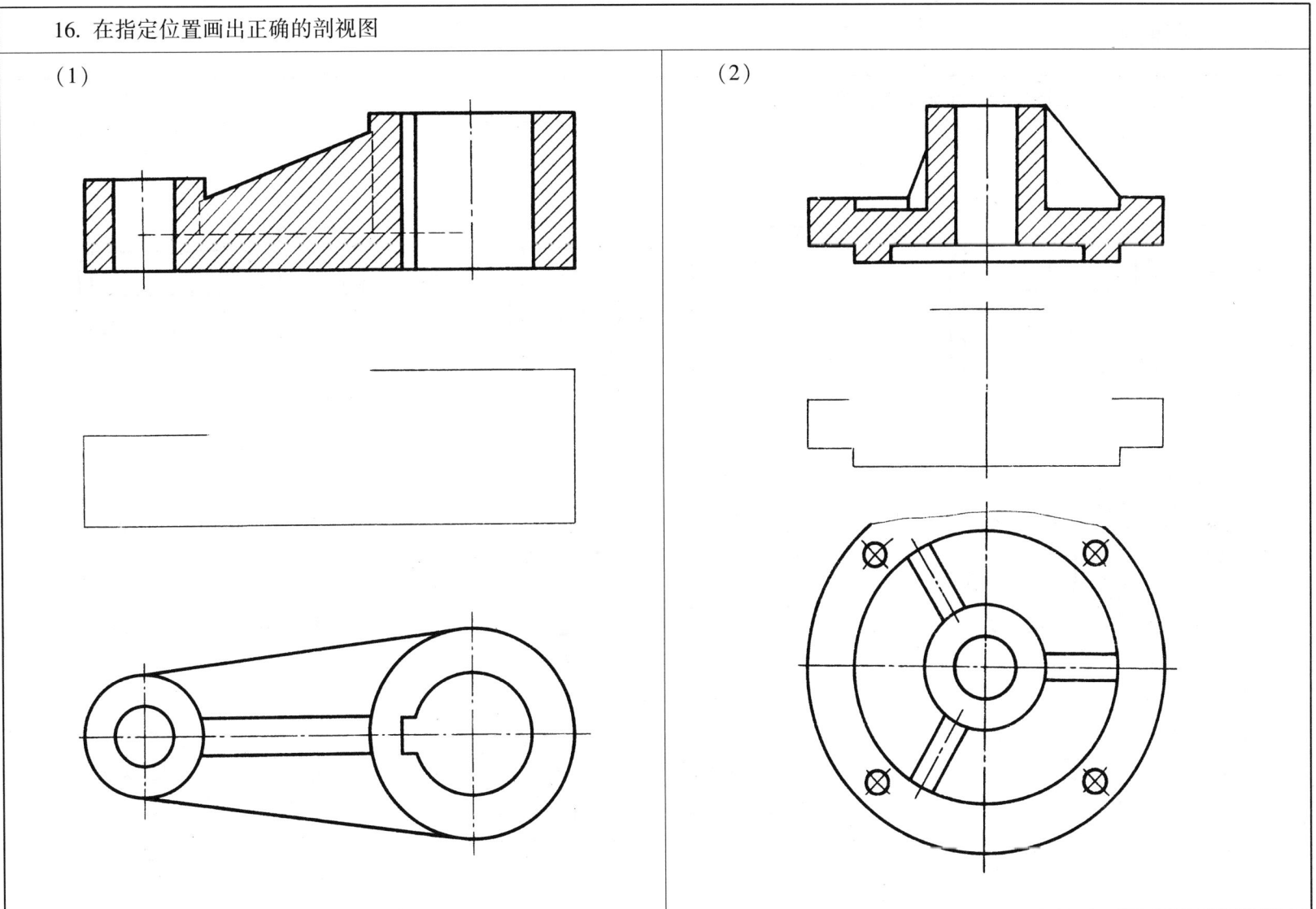

6-4 断面图

1. 在视图下方的断面图中选出正确的断面图形，将其画上"√"号

(1)　　　　　　　　　　　　　　　(2)　　　　　　　　　　　　　　　(3)

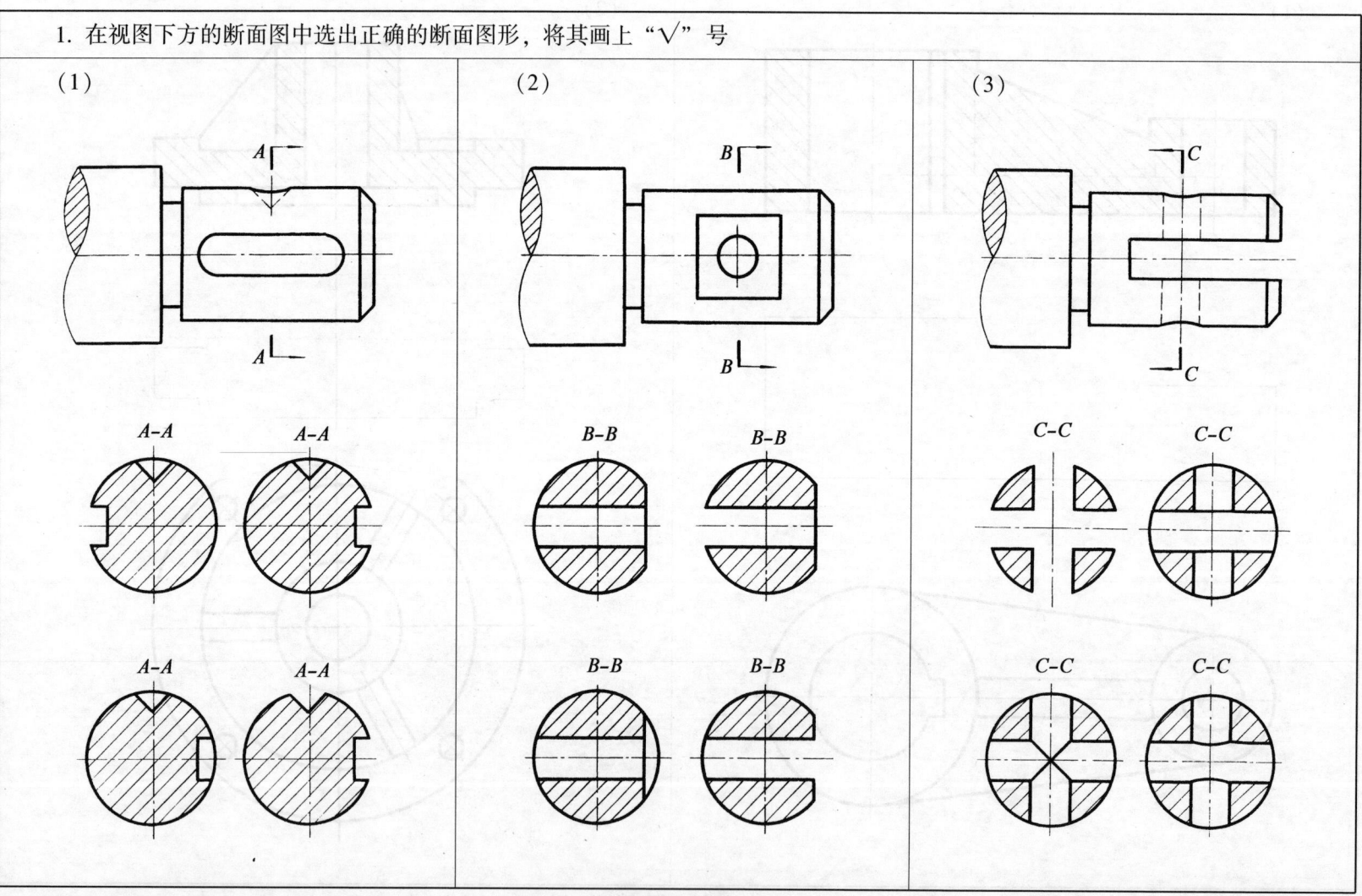

2. 按剖切线、剖切符号的位置画断面图（主视图画重合断面图，俯视图画移出断面图），并填空回答问题

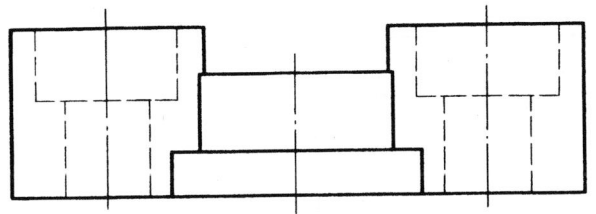

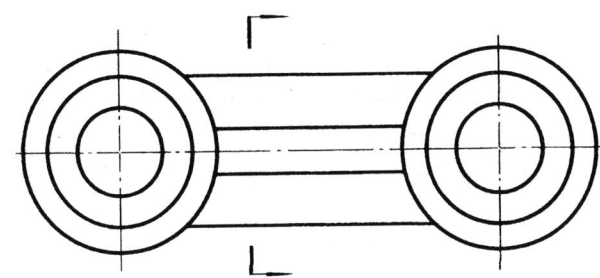

比较两个断面图可知，将同一位置的断面画在不同视图上，断面图的方位可能发生_____。

3. 完成半剖视的主视图和全剖视的俯视图，并补画 B—B 移出断面图

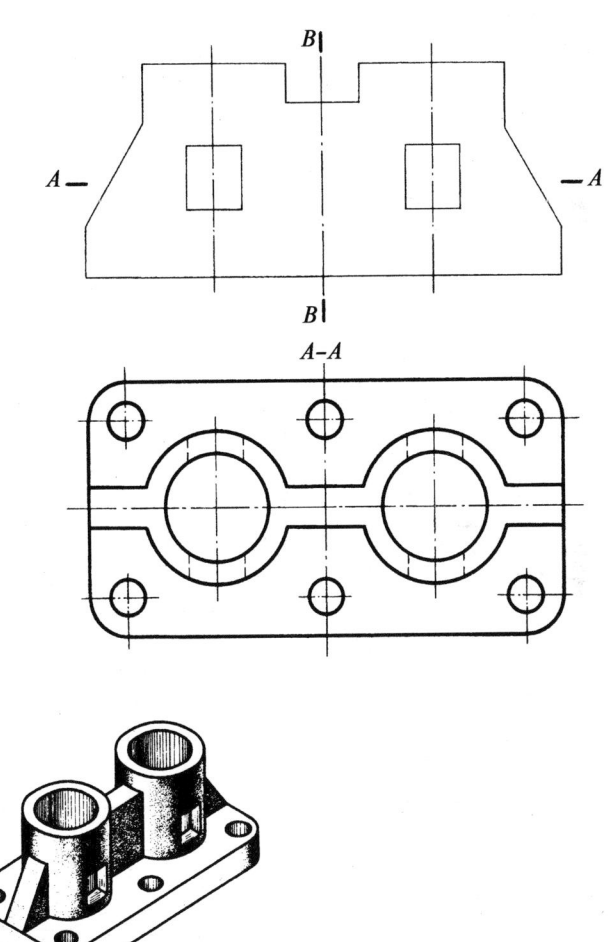

第七章 标准件与常用件

7-1 螺纹

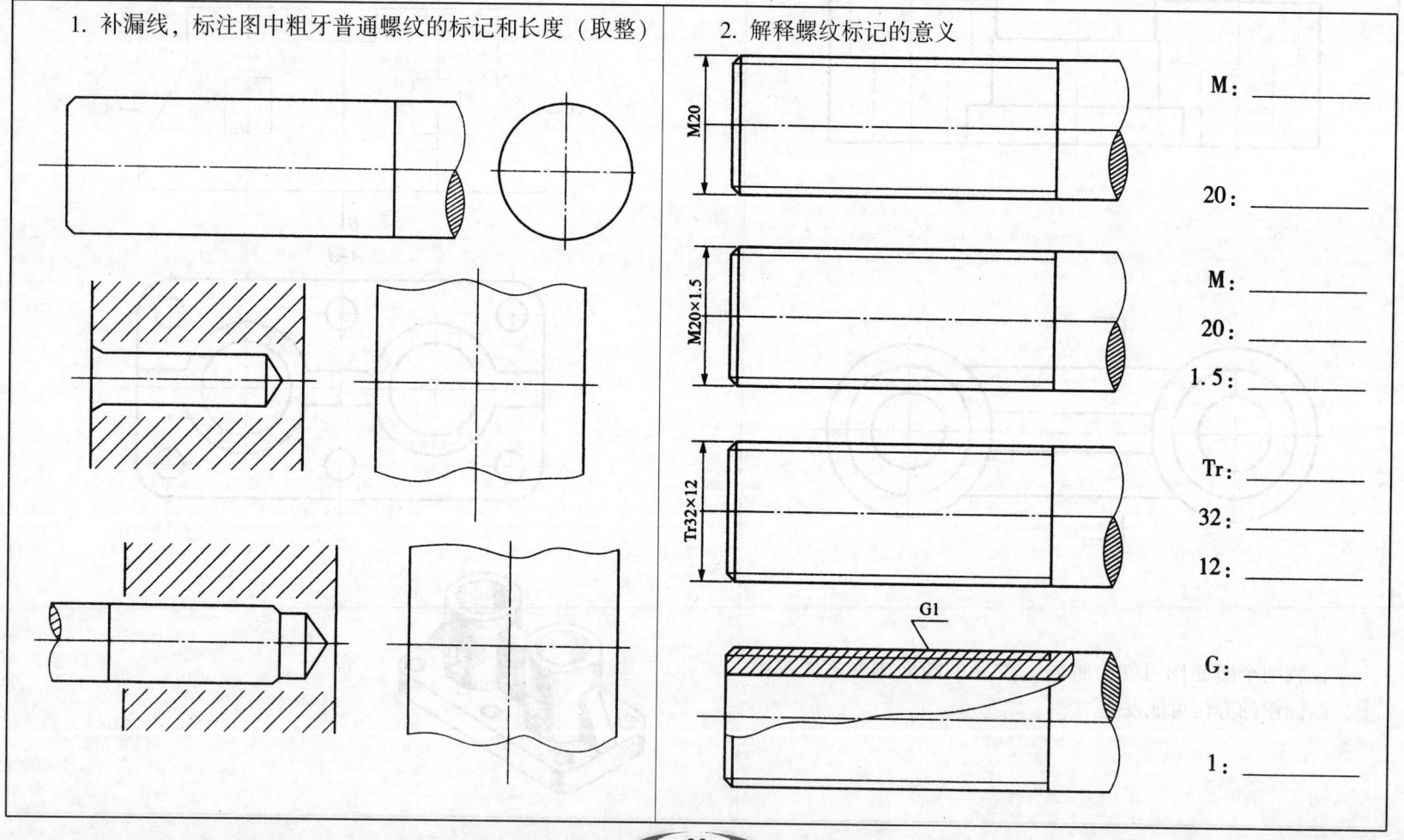

1. 补漏线，标注图中粗牙普通螺纹的标记和长度（取整）

2. 解释螺纹标记的意义

M：_____
20：_____

M：_____
20：_____
1.5：_____

Tr：_____
32：_____
12：_____

G：_____
1：_____

3. 分析螺纹画法中的错误，在指定位置画出正确的视图

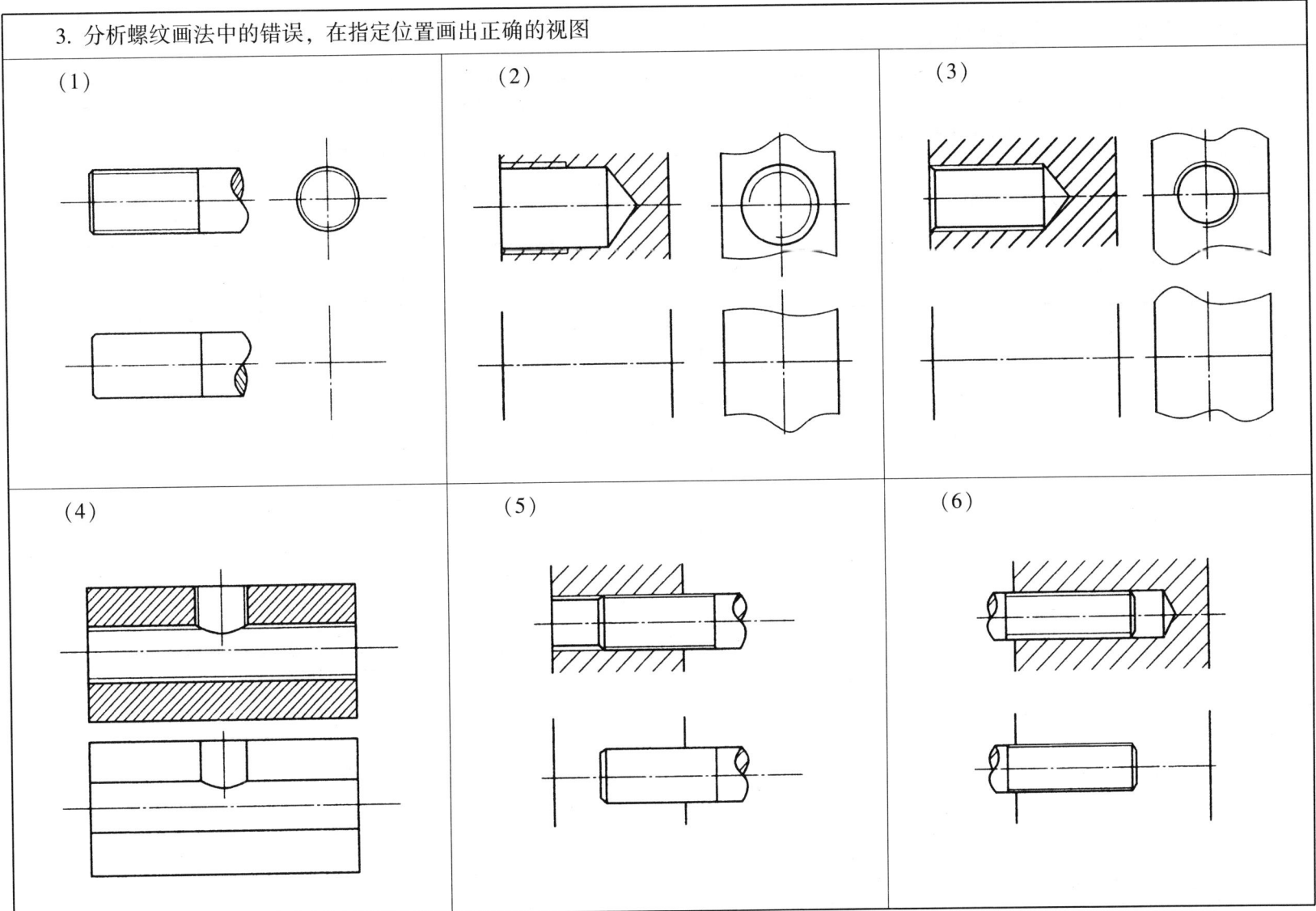

7-2 螺纹紧固件的连接画法

1. 画出螺栓连接装配图
   (1) 螺栓　GB/T 5782—2000 M20×L（L 计算后取标准值）
   (2) 螺母　GB/T 6170—2000 M20
   (3) 垫片　GB/T 97.1—2002 20

2. 完成螺钉连接装配图

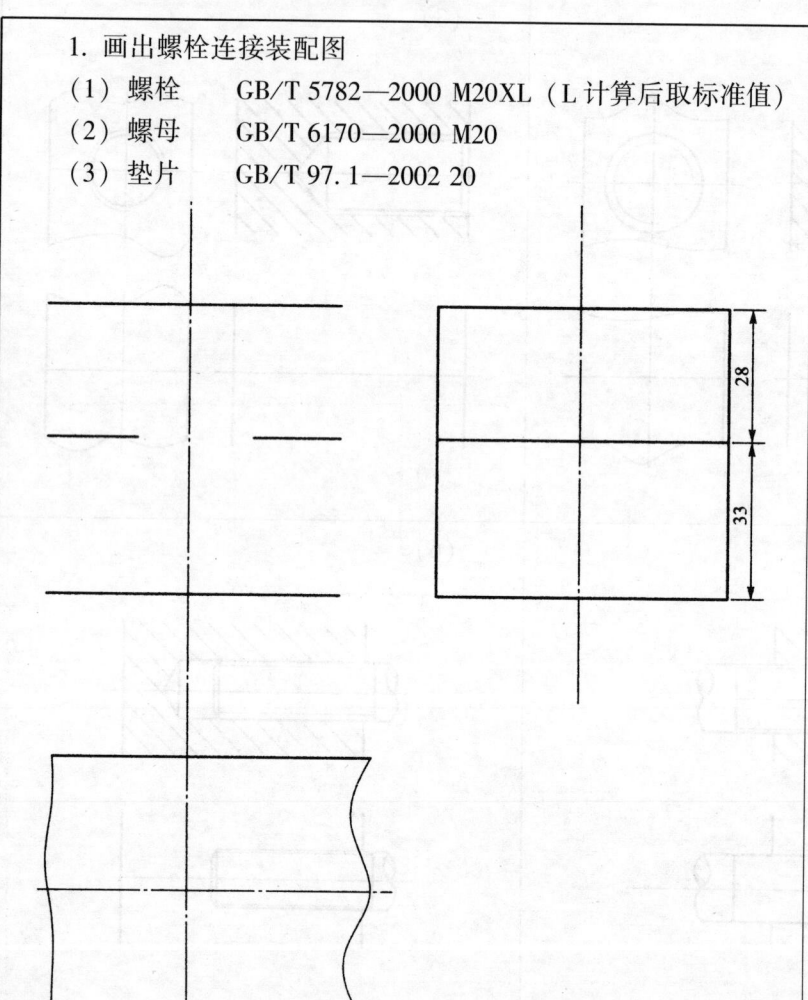
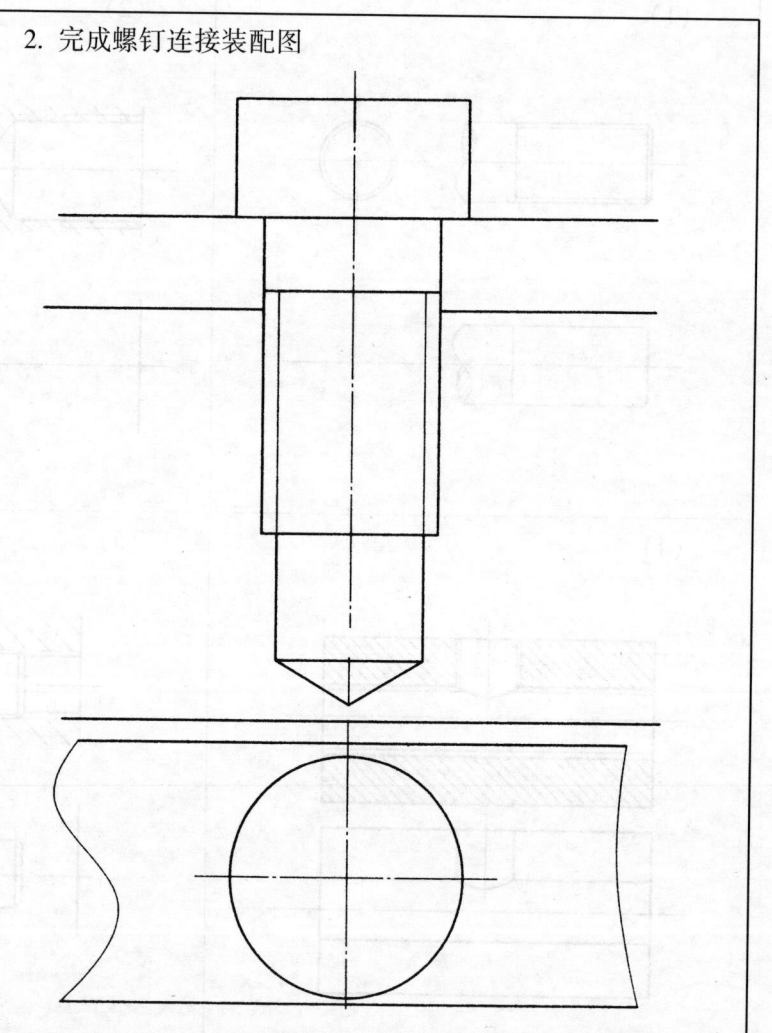

3. 画出螺柱连接配图
(1) 螺栓　　GB/T 899—1988 M20×L（L 计算后取标准值）
(2) 螺母　　GB/T 6170—2000 M20
(3) 垫片　　GB/T 93—1987 20
(4) 垫圈　　机座材料：铸铁

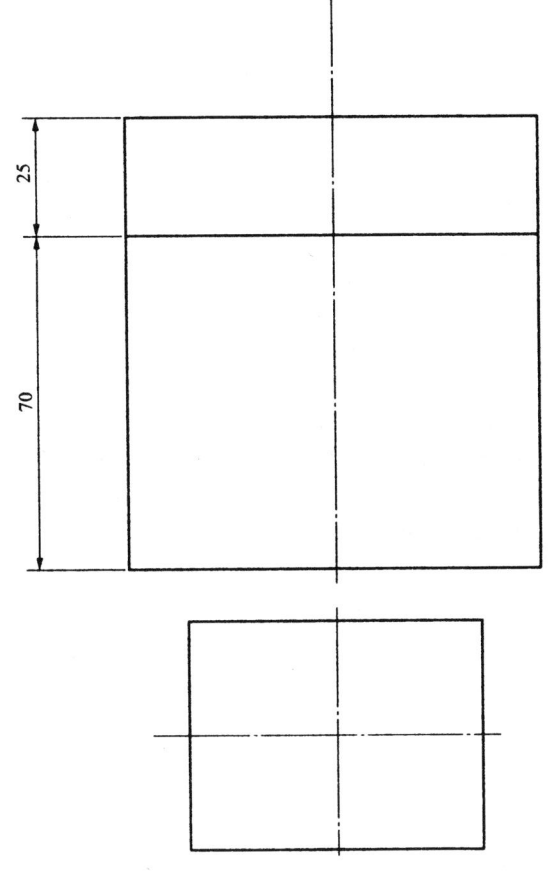

4. 用简化画法，完成螺栓连接的装配图

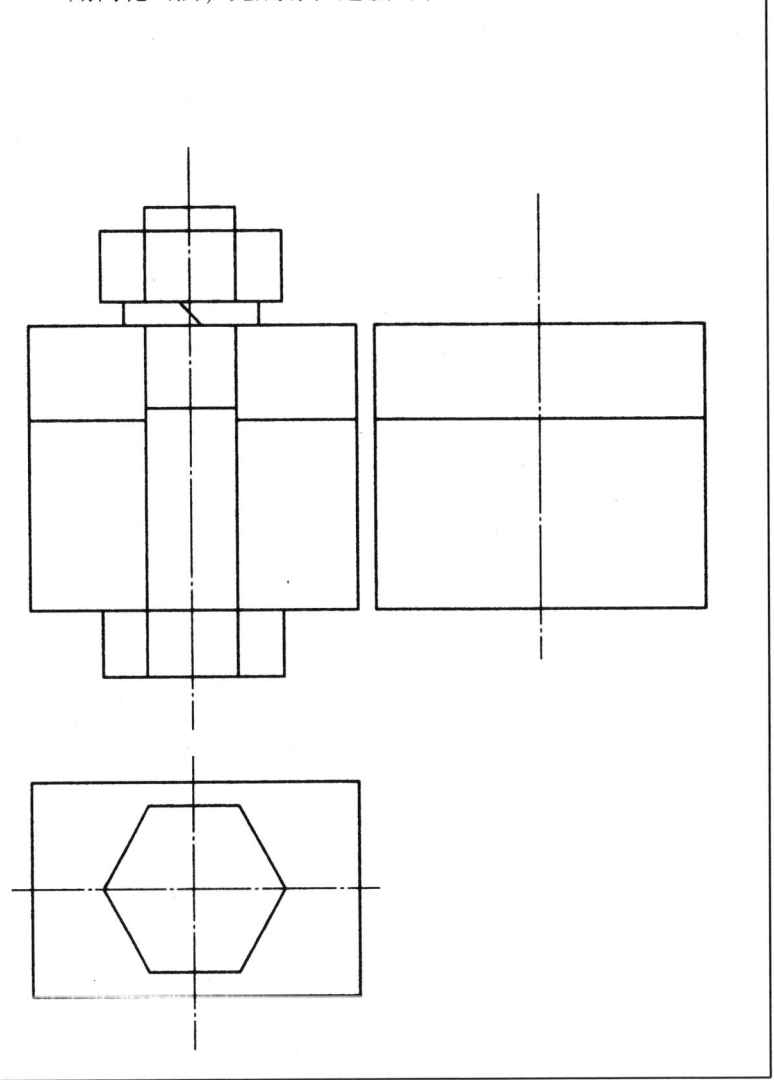

7-3 齿轮

补全直齿圆柱齿轮的主视图和左视图（模数 $m=3$，齿数 $z=34$）

7-4 键连接及弹簧

1. 查表画出轴和轴孔上的键槽（轴的公称直径从图上量取），并标注尺寸

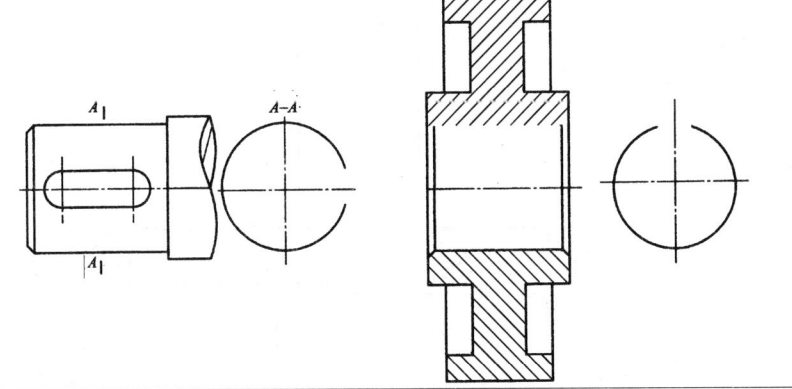

2. 画出上题中的键连接的装配图

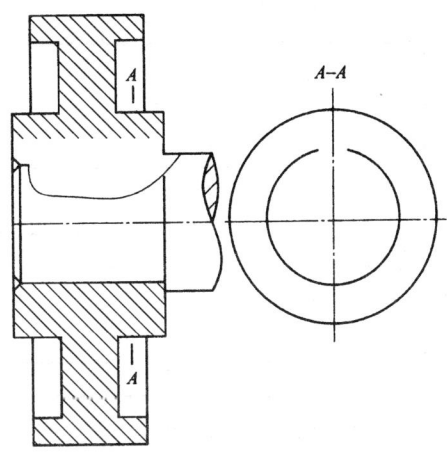

3. 画出圆柱螺旋压缩弹簧的全剖视图，并标注尺寸。其主要参数为：外径 $\phi60$，簧丝直径 $\phi8$，节距 15，有效圈数 7.5，总圈数 10，右旋

7-5 轴承

1. 检查轴承规定画法和通用画法中的错误，在下方画出正确的视图

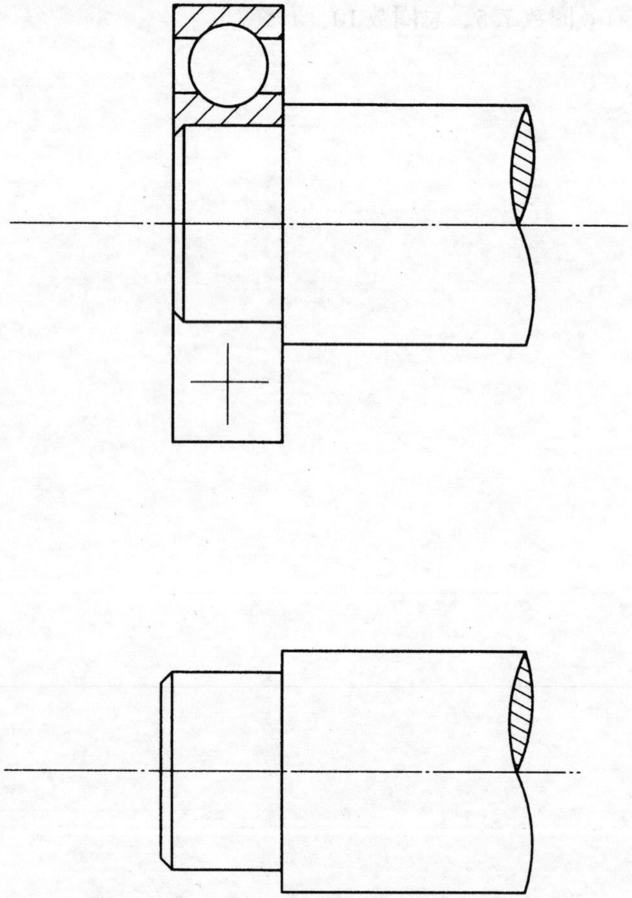

2. 画出装配图中的角接触球轴承（GB/T 292—1994），一边用规定画法，一边用通用画法

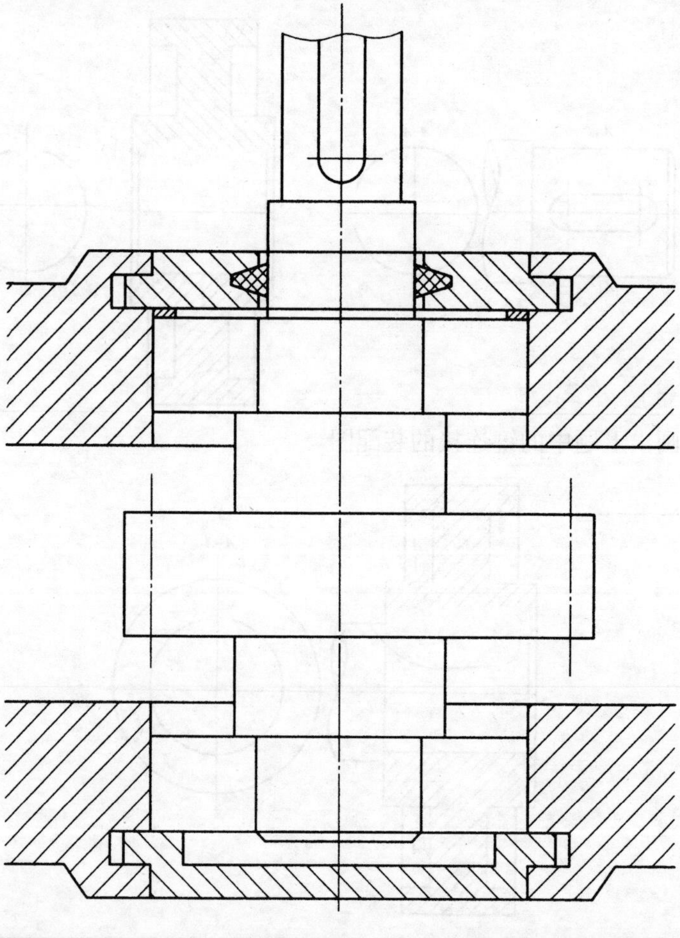

第八章 表面结构与公差

8-1 表面粗糙度

1. 将下图的各个表面均标注同一粗糙度代号（Ra 的上限值为 $1.6\,\mu m$，不可采用简化注法）

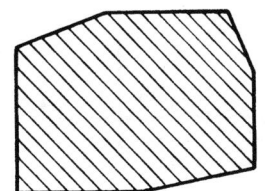

2. 圆柱、圆孔表面及螺纹工作表面的 Ra 值均为 $6.3\,\mu m$，其余表面为 $12.5\,\mu m$，用简化注法标注

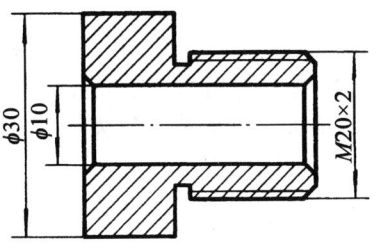

3. 下图成封闭轮廓各表面的 Ra 值均为 $3.2\,\mu m$，试用代号将其标注在图上。如果零件全部表面的 Ra 值均为 $6.3\,\mu m$，试用简化注法将其标注在图的下面（一图两用）

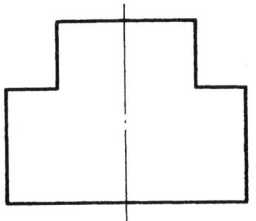

4. 表面结构要求的 Ra 值：$\phi 30$ 孔为 $3.2\,\mu m$，$\phi 9$ 孔为 $25\,\mu m$，底面为 $12.5\,\mu m$，其余为铸造表面

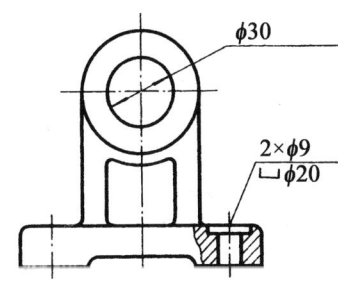

5. 按要求对给出表面注写粗糙度代号

(1) 去除材料，单项上限值，默认传输带，R 轮廓，Ra 为 $6.3\mu m$，评定长度为 5 个取样长度（默认），"16%规则"（默认）

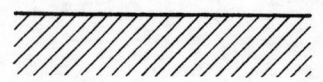

(2) 去除材料，单项上限值，默认传输带，R 轮廓，粗糙度最大高度的最大值为 $0.8\mu m$，评定长度为 5 个取样长度（默认），"最大规则"

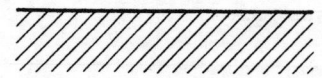

(3) 不允许去除材料，双向极限值，均为默认传输带和默认评定长度。上限值：Ra 为 $6.3\mu m$，"最大规则"；下限值：Ra 为 $1.6\mu m$，"16%规则"（默认）

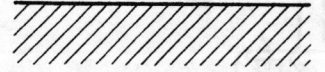

6. 识读图样中的表面粗糙度代号

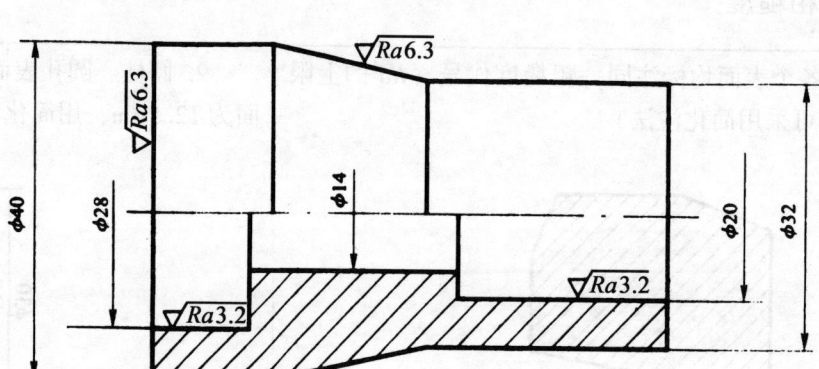

表面名称	φ28 孔	φ14 孔	φ20 孔	圆锥面	φ40 圆柱面	φ32 圆柱面	左端面	右端面
表面粗糙度代号								

8-2 极限与配合

1. 根据下图中的标注，填写右表（只填其数值）

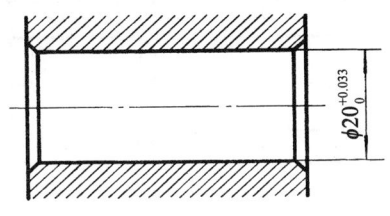 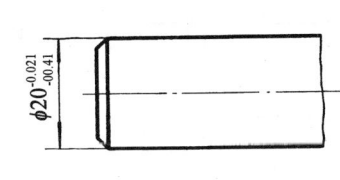

孔或轴 名称	孔	轴
基本尺寸		
最大极限尺寸		
最小极限尺寸		
上偏差		
下偏差		
公差		

2. 根据孔、轴的极限偏差，直接判定其配合类别；画出其公差带图（孔画剖面线，轴涂黑，长度相等）；列式计算出最大、最小间隙或过盈（括号内不要的字打叉）

	孔公差带　　轴公差带	
孔：$\phi 120^{+0.087}_{\ \ \ 0}$ （　　）配合 轴：$\phi 120^{-0.120}_{-0.207}$	$\begin{array}{c}+\\0\\-\end{array}$	最大（间隙、过盈） = 最小（间隙、过盈） =
孔：$\phi 50^{+0.025}_{\ \ \ 0}$ （　　）配合 轴：$\phi 50^{+0.018}_{+0.002}$	$\begin{array}{c}+\\0\\-\end{array}$	最大（间隙、过盈） = 最小（间隙、过盈） =
孔：$\phi 100^{-0.058}_{-0.093}$ （　　）配合 轴：$\phi 100^{\ \ \ 0}_{-0.022}$	$\begin{array}{c}+\\0\\-\end{array}$	最大（间隙、过盈） = 最小（间隙、过盈） =

3. 识读图样中的尺寸公差与配合代号，并填空

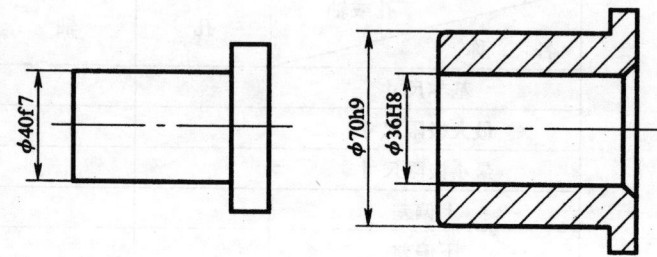

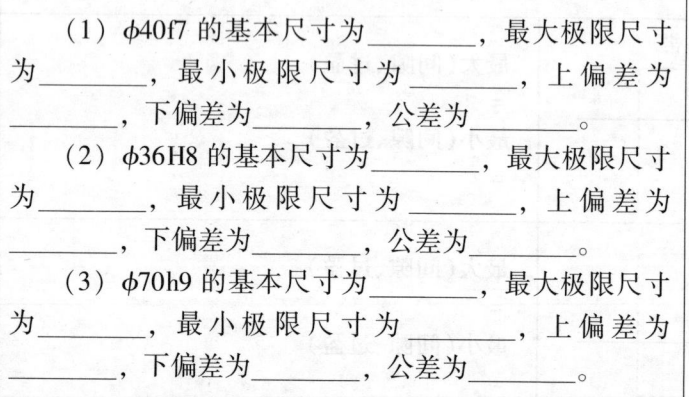

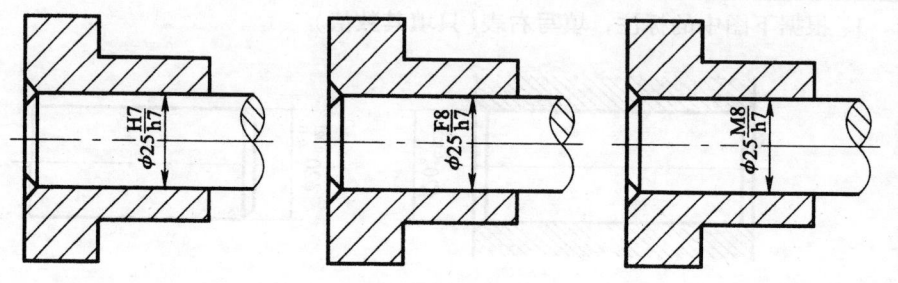

（1）φ40f7 的基本尺寸为_____，最大极限尺寸为_____，最小极限尺寸为_____，上偏差为_____，下偏差为_____，公差为_____。

（2）φ36H8 的基本尺寸为_____，最大极限尺寸为_____，最小极限尺寸为_____，上偏差为_____，下偏差为_____，公差为_____。

（3）φ70h9 的基本尺寸为_____，最大极限尺寸为_____，最小极限尺寸为_____，上偏差为_____，下偏差为_____，公差为_____。

（1）φ25H7/h7 的基本尺寸为_____，孔的公差等级为_____，孔的公差带代号为_____，轴的公差带代号为_____，该配合属于_____配合（间隔、过渡、过盈）。

（2）φ25F8/h7 的基本尺寸为_____，孔的公差等级为_____，孔的公差带代号为_____，轴的公差带代号为_____，该配合属于_____配合（间隔、过渡、过盈）。

（3）φ25M8/h7 的基本尺寸为_____，孔的公差等级为_____，孔的公差带代号为_____，轴的公差带代号为_____，该配合属于_____配合（间隔、过渡、过盈）。

4. 改错，将正确标注法填写在尺寸线上

（1）$\phi 40_{-0.016}$

（2）$\phi 50 \begin{pmatrix} -0.025 \\ -0.05 \end{pmatrix}$

（3）$\phi 40 \pm 0.008$

（4）$\phi 30 ^{+0.021}_{0}$（H7）

5. 查表，将极限偏差数值填入括号内

（1）$\phi 30 H8$（   ）

（2）$\phi 60 JS7$（   ）

（3）$\phi 25 m6$（   ）

（4）$\phi 40 f7$（   ）

6. 查表，将公差带代号填在规定处

孔 $\begin{cases} \phi 70 \quad (\pm 0.015) \\ \phi 20 \quad \begin{pmatrix} +0.006 \\ -0.015 \end{pmatrix} \end{cases}$

轴 $\begin{cases} \phi 30 \quad \begin{pmatrix} -0.020 \\ -0.041 \end{pmatrix} \\ \phi 35 \quad \begin{pmatrix} +0.018 \\ +0.002 \end{pmatrix} \end{cases}$

7. 识读下列两种配合代号的注法

（1）滚动轴承的内圈与轴配合，应采用基孔制，只标注轴的公差带代号。轴承外圈与零件孔配合，应采用基轴制，只标注孔的公差带代号，如下图所示

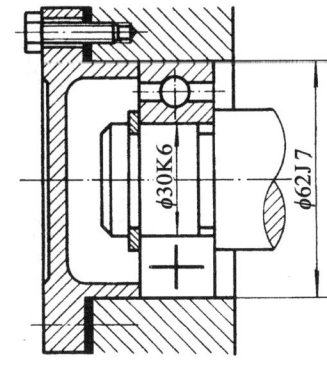

（2）"孔"、"轴"的内、外表面，也包括非圆柱形的内、外表面（包容面、非包容面），其配合代号的注法，如下图所示

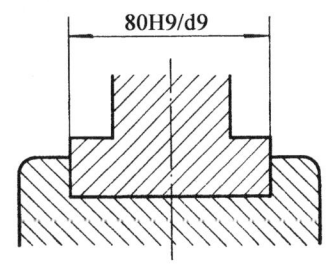

8. 根据零件图的标注，在装配图上注出配合代号，并回答问题

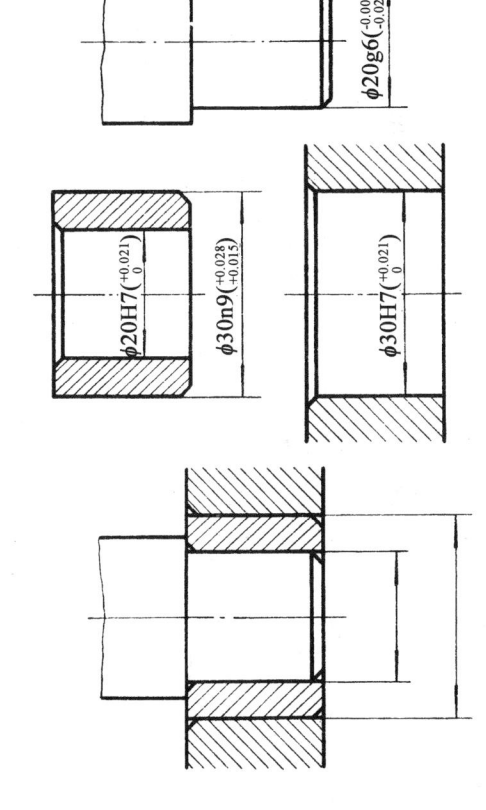

答：轴与轴套孔是_____制_____配合；

轴套与零件孔是_____制_____配合。

9. 根据孔、轴的极限偏差，查表确定其公差带代号(写在基本尺寸后的空白处)，并标注在图上。(在零件图上分别按三种形式标注，在装配图上只注配合代号)

孔：$\phi 120\left(\begin{smallmatrix}+0.087\\0\end{smallmatrix}\right)$

孔：$\phi 50\left(\begin{smallmatrix}+0.025\\0\end{smallmatrix}\right)$

孔：$\phi 100\left(\begin{smallmatrix}-0.058\\-0.093\end{smallmatrix}\right)$

轴：$\phi 120\left(\begin{smallmatrix}-0.120\\-0.207\end{smallmatrix}\right)$

轴：$\phi 50\left(\begin{smallmatrix}+0.018\\+0.002\end{smallmatrix}\right)$

轴：$\phi 100\left(\begin{smallmatrix}0\\-0.022\end{smallmatrix}\right)$

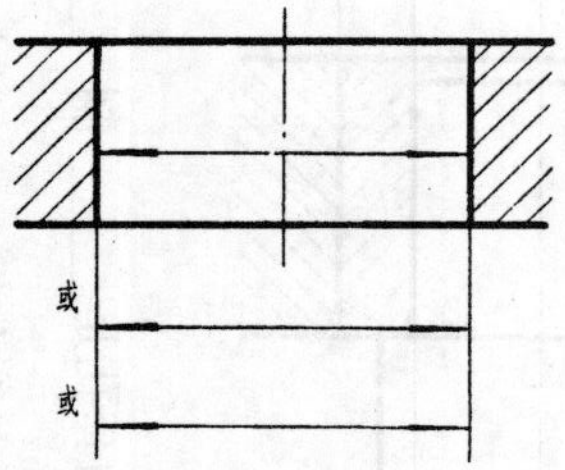

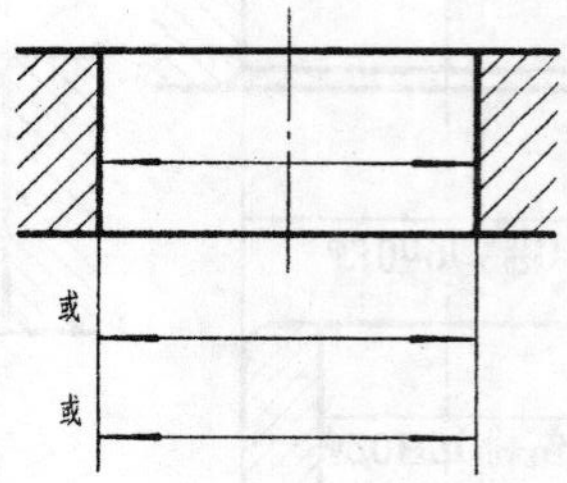

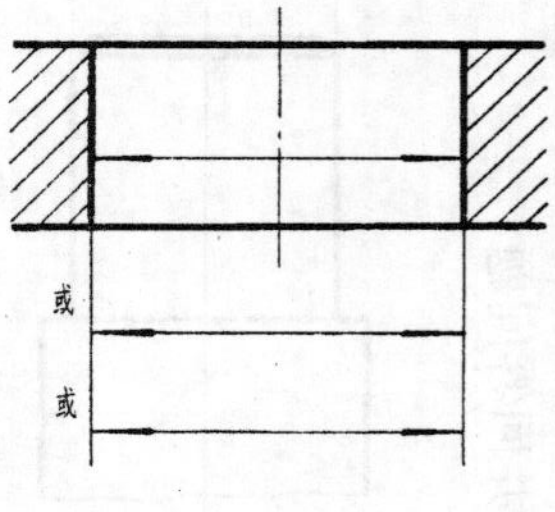

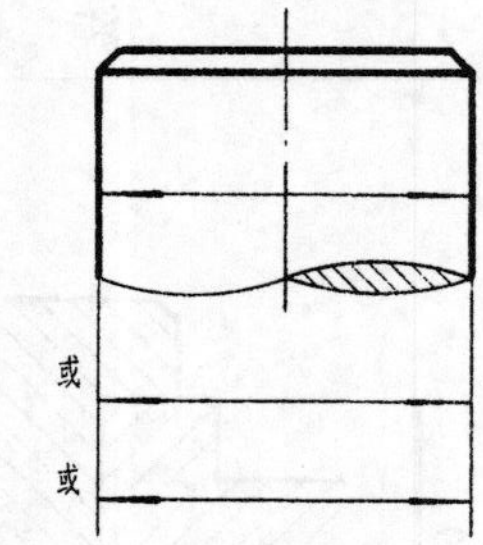

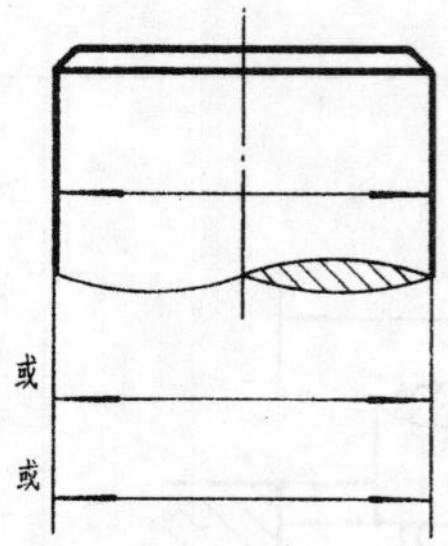

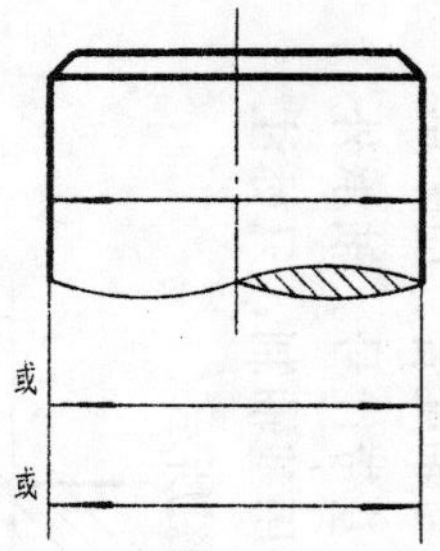

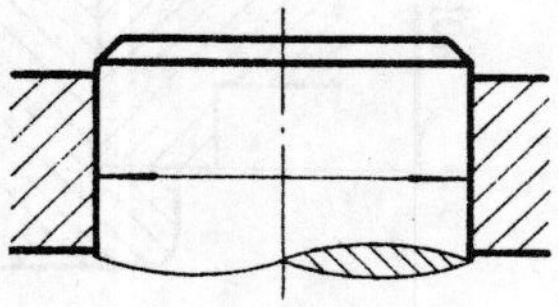

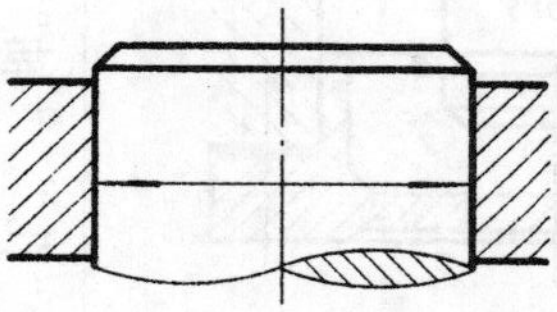

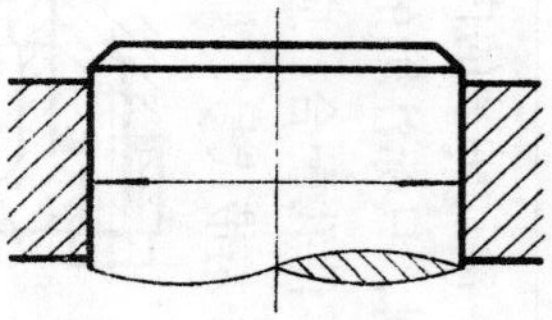

10. 分析上面孔、轴公差带之间的关系，再与下面的配合示意图对号入座(将其配合代号填在括号内)，然后与8-2中的2题对照分析，并回答问题

(　　　　)

答：______制______配合。

(　　　　)

答：______制______配合。

(　　　　)

答：______制______配合。

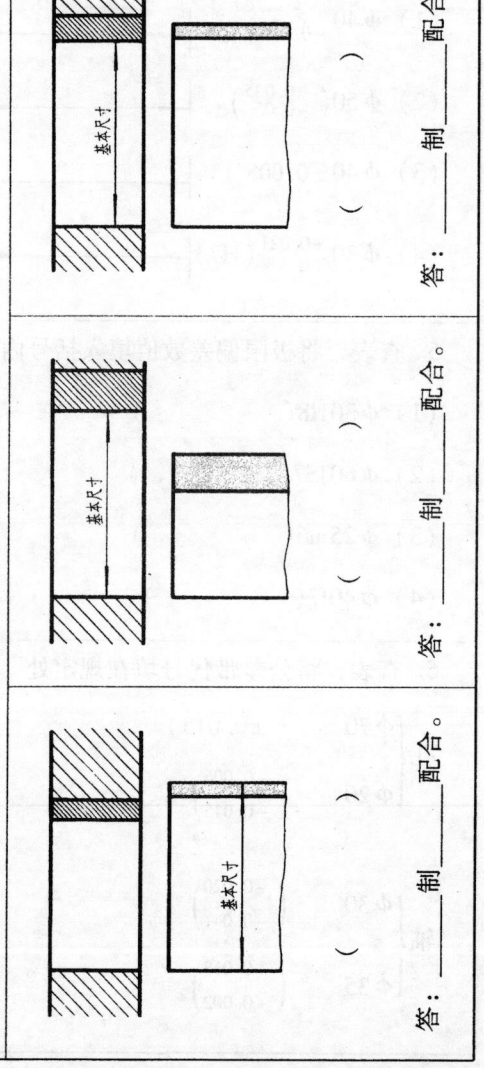

8-3 形位公差

1. 填空解释下图中所注形位公差的含义

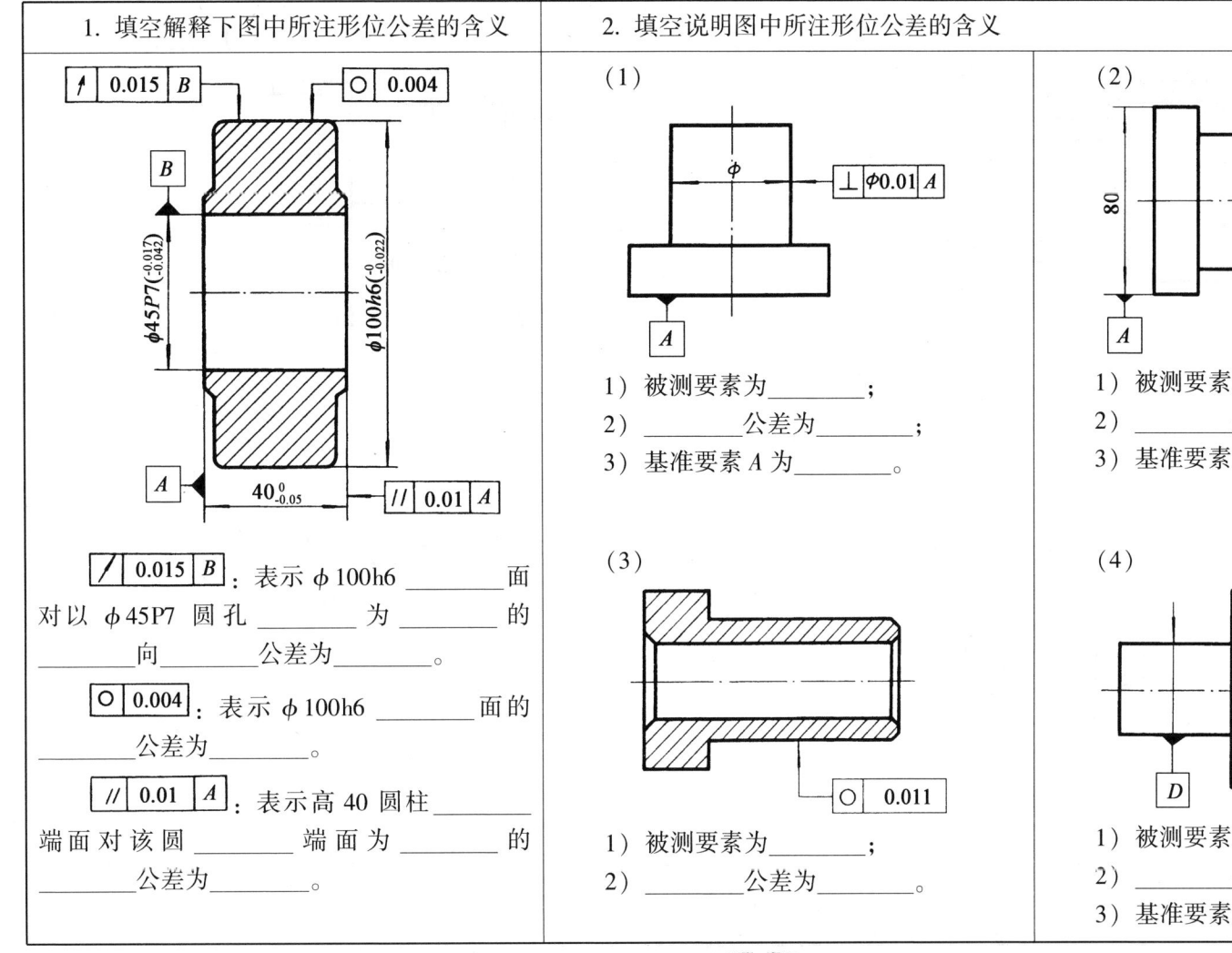

$\boxed{\nearrow\ 0.015\ B}$：表示 φ100h6 _____ 面对以 φ45P7 圆孔 _____ 为 _____ 的 _____ 向 _____ 公差为 _____。

$\boxed{○\ 0.004}$：表示 φ100h6 _____ 面的 _____ 公差为 _____。

$\boxed{//\ 0.01\ A}$：表示高 40 圆柱 _____ 端面对该圆 _____ 端面为 _____ 的 _____ 公差为 _____。

2. 填空说明图中所注形位公差的含义

(1)
1) 被测要素为_____；
2) _____公差为_____；
3) 基准要素 A 为_____。

(2)
1) 被测要素为_____；
2) _____公差为_____；
3) 基准要素 A 为_____。

(3)
1) 被测要素为_____；
2) _____公差为_____。

(4)
1) 被测要素为_____；
2) _____公差为_____；
3) 基准要素 D 为_____。

3. 识读图样中的形位公差代号

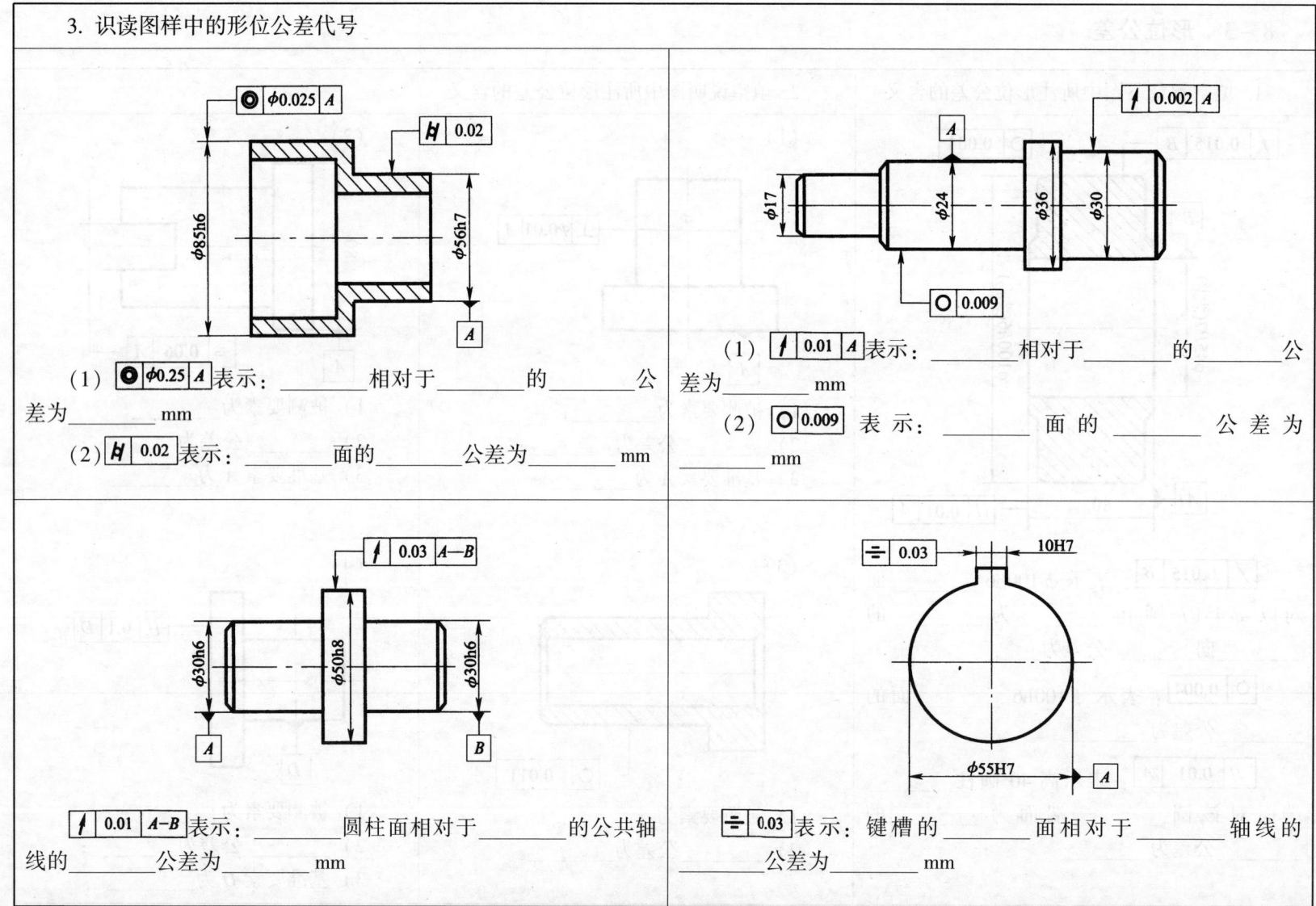

(1) ⊚ φ0.25 A 表示：_____相对于_____的_____公差为_____mm

(2) ⌒ 0.02 表示：_____面的_____公差为_____mm

(1) ∠ 0.01 A 表示：_____相对于_____的_____公差为_____mm

(2) ○ 0.009 表示：_____面的_____公差为_____mm

∠ 0.01 A–B 表示：_____圆柱面相对于_____的公共轴线的_____公差为_____mm

⌯ 0.03 表示：键槽的_____面相对于_____轴线的_____公差为_____mm

4. 标注形位公差

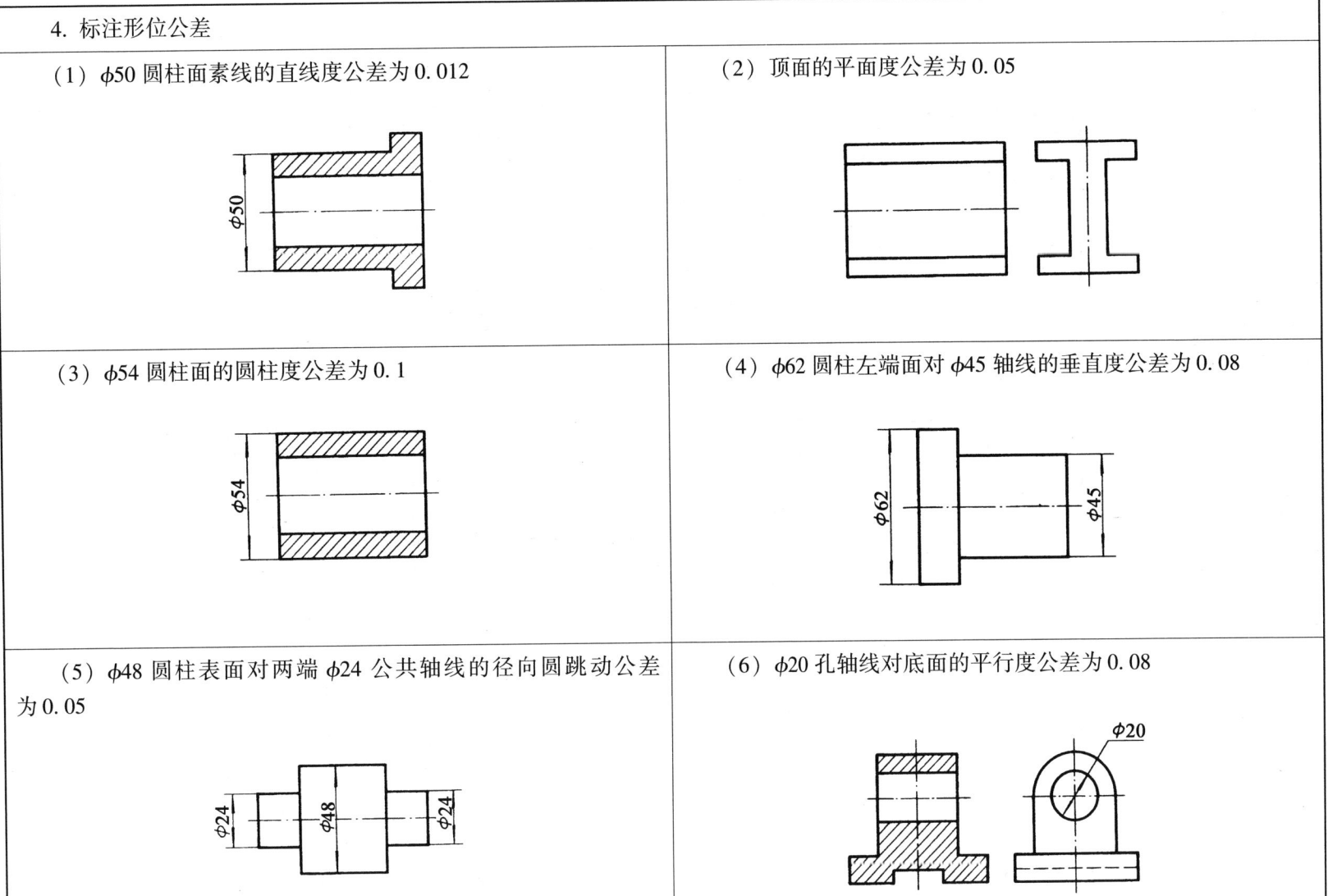

（1）φ50 圆柱面素线的直线度公差为 0.012

（2）顶面的平面度公差为 0.05

（3）φ54 圆柱面的圆柱度公差为 0.1

（4）φ62 圆柱左端面对 φ45 轴线的垂直度公差为 0.08

（5）φ48 圆柱表面对两端 φ24 公共轴线的径向圆跳动公差为 0.05

（6）φ20 孔轴线对底面的平行度公差为 0.08

第九章 零件图

1. 画出A向外形视图

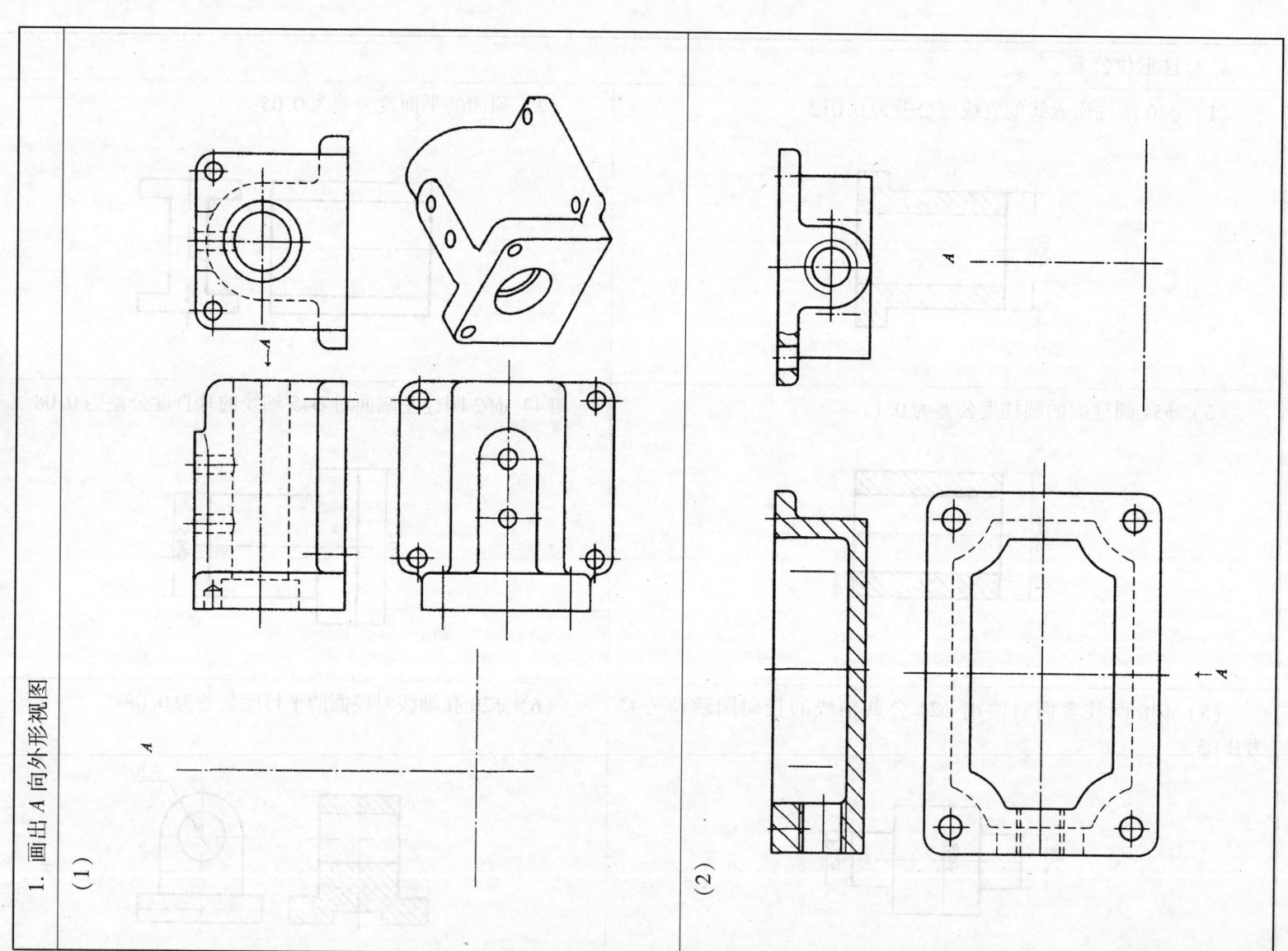

2. 读零件图并回答问题

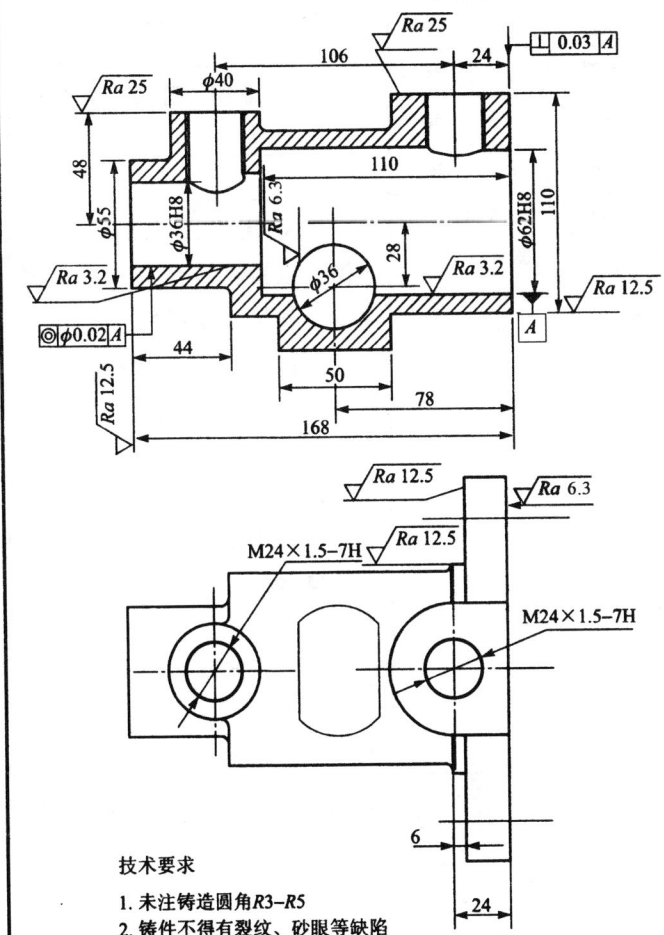
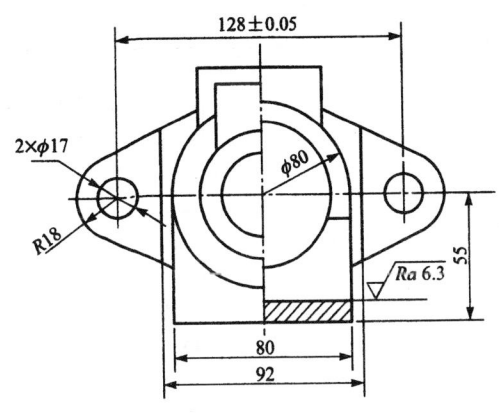
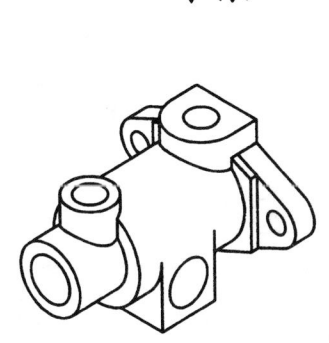

1. 在图样右方做出C向视图，即主视图的外形图。
2. 在图上用指引线标注长、宽、高三个方向的主要尺寸基准。
3. ϕ62H8表示基本尺寸是__，公差带代号是__，公差等级为__级，是否基准孔__。
4. 中心距尺寸_____，最大可加工成__，最小可加工成__，公差是__。
5. M24×1.5-7H是__螺纹，大径是__，螺距是__，旋向__，中径和顶径公差带代号是__。
6. ⊚ϕ0.02 A 表示被测要素是孔____的轴线，基准要素是轴____的轴线，检验项目是____，公差值是____。
7. 壳体右端面的表面粗糙度代号是__，ϕ80外圆柱面的表面粗糙度代号是__。
8. 在俯视图上用虚线画出ϕ36与ϕ62H8两圆柱孔的相贯线投影。
9. ϕ36圆柱孔的定位尺寸是__和__。

技术要求
1. 未注铸造圆角R3-R5
2. 铸件不得有裂纹、砂眼等缺陷
3. 铸造后应去毛刺和锐边倒角

设计		日期	HT150	（校名）
校核			比例	1:1	壳体
审核				
班级		学号	共 张 第 张	图样代号

3. 读齿轮轴零件图，在指定位置补画 A-A 断面图，并回答下列问题

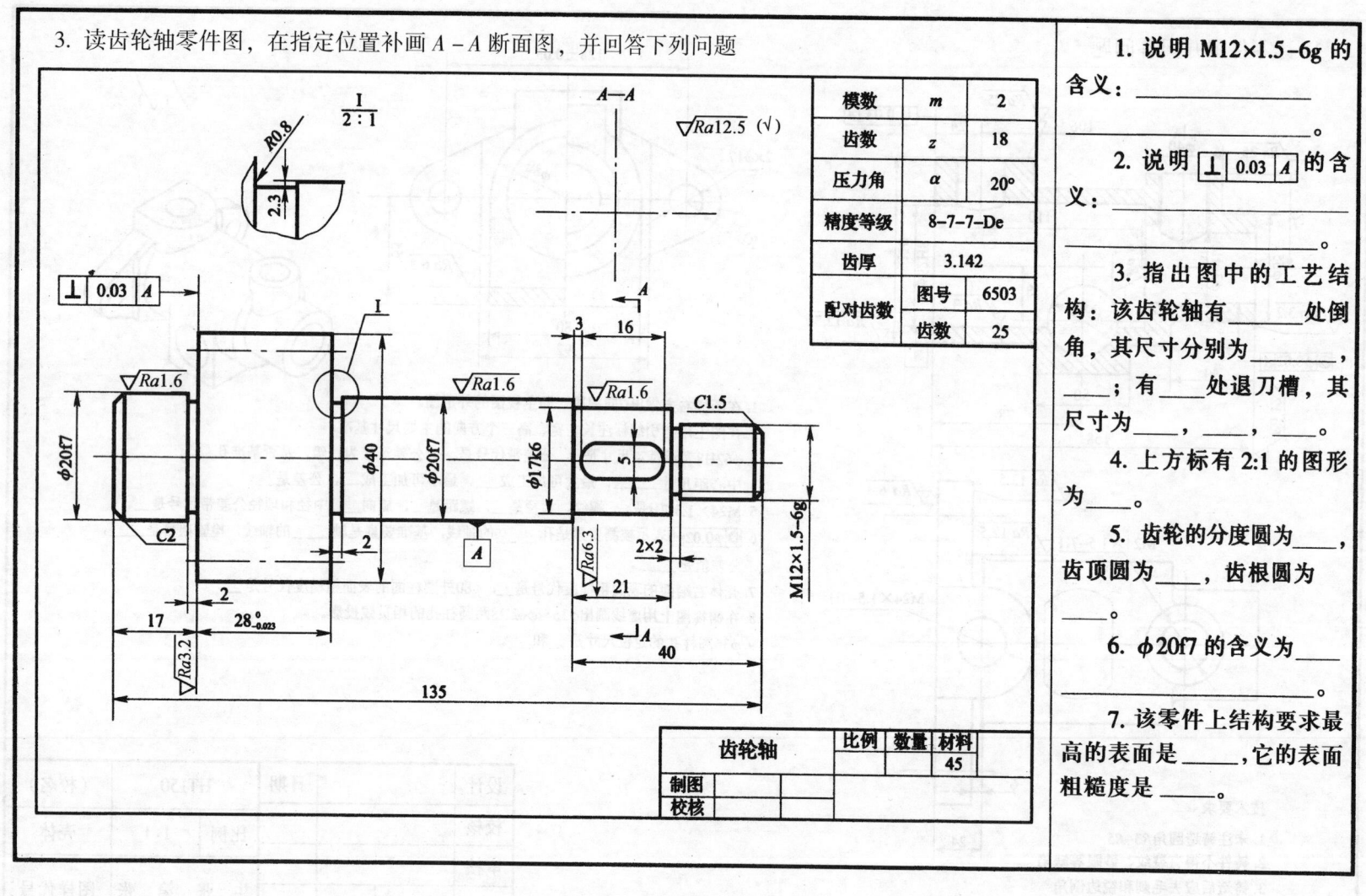

模数	m	2
齿数	z	18
压力角	α	20°
精度等级		8-7-7-De
齿厚		3.142
配对齿数	图号	6503
	齿数	25

齿轮轴	比例	数量	材料
			45
制图			
校核			

1. 说明 M12×1.5-6g 的含义：_____。

2. 说明 ⊥ 0.03 A 的含义：_____。

3. 指出图中的工艺结构：该齿轮轴有____处倒角，其尺寸分别为_____，____；有____处退刀槽，其尺寸为____，____，____。

4. 上方标有 2:1 的图形为____。

5. 齿轮的分度圆为____，齿顶圆为____，齿根圆为____。

6. φ20f7 的含义为_____。

7. 该零件上结构要求最高的表面是____，它的表面粗糙度是____。

4. 识读卡盘零件图

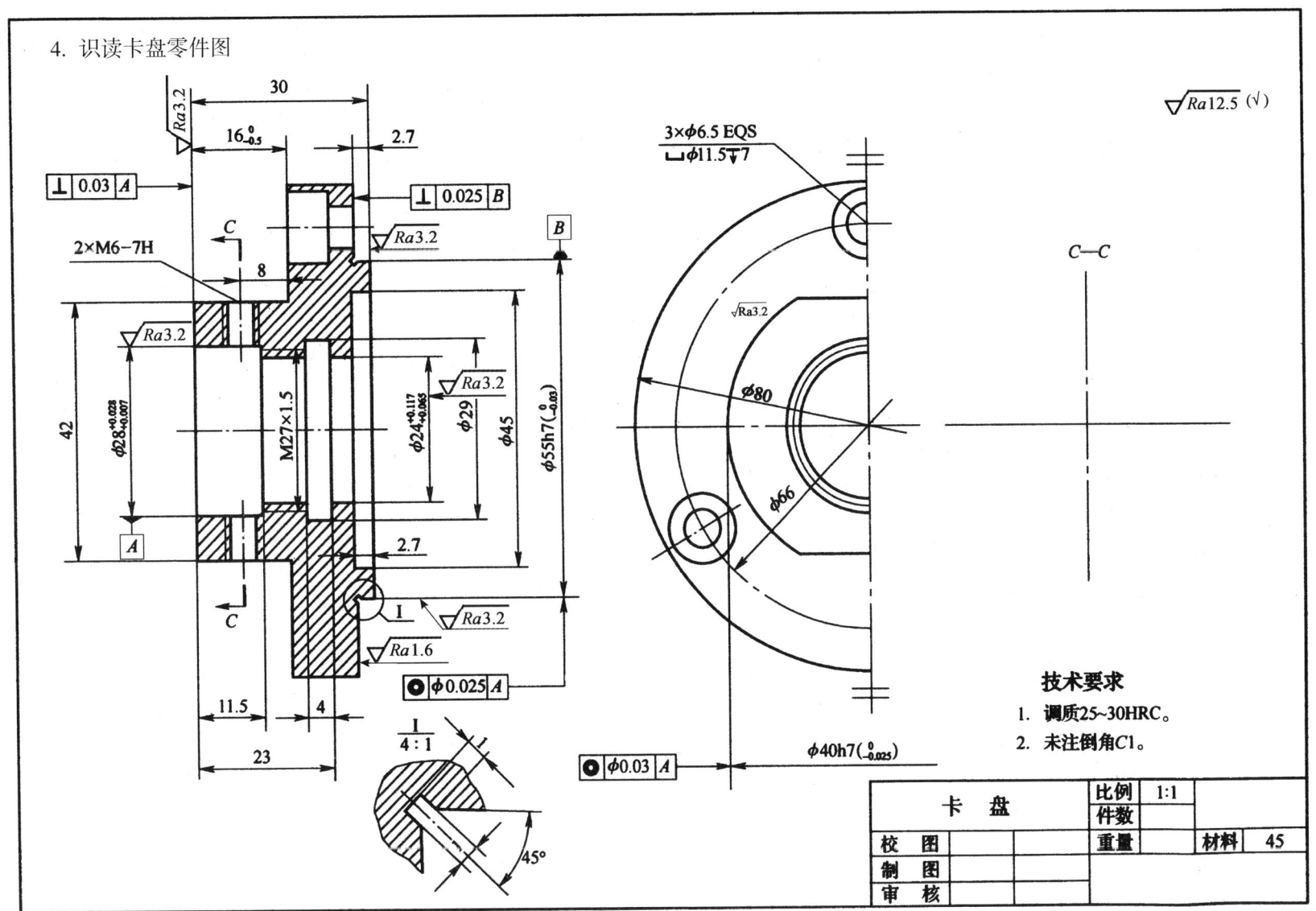

1. 该零件的名称是_____，属于_____类零件，制造该零件所用的材料为_____。

2. 该零件的主视图为_____视图，左视图采用了_____画法，上方标有 4:1 的图形为_____。

3. 尺寸 $\phi 48h7$ ($^{\ \ 0}_{-0.025}$) 中，$\phi 48$ 是_____，h 是_____，7 是_____，0 是_____，-0.025 是_____。

4. 形位公差 ⌖ $\phi 0.03$ A 中，被测要素是，_____基准要素是_____，公差项目是_____。

5. 该零件的热处理要求是_____。

6. 在图中指出该零件长、宽、高三个方向上的尺寸基准，并补画 $C-C$ 剖视图。

7. 该零件上表面结构要求最高的表面是_____，它的表面粗糙度是_____。

5. 读蜗轮箱体零件图并回答问题。

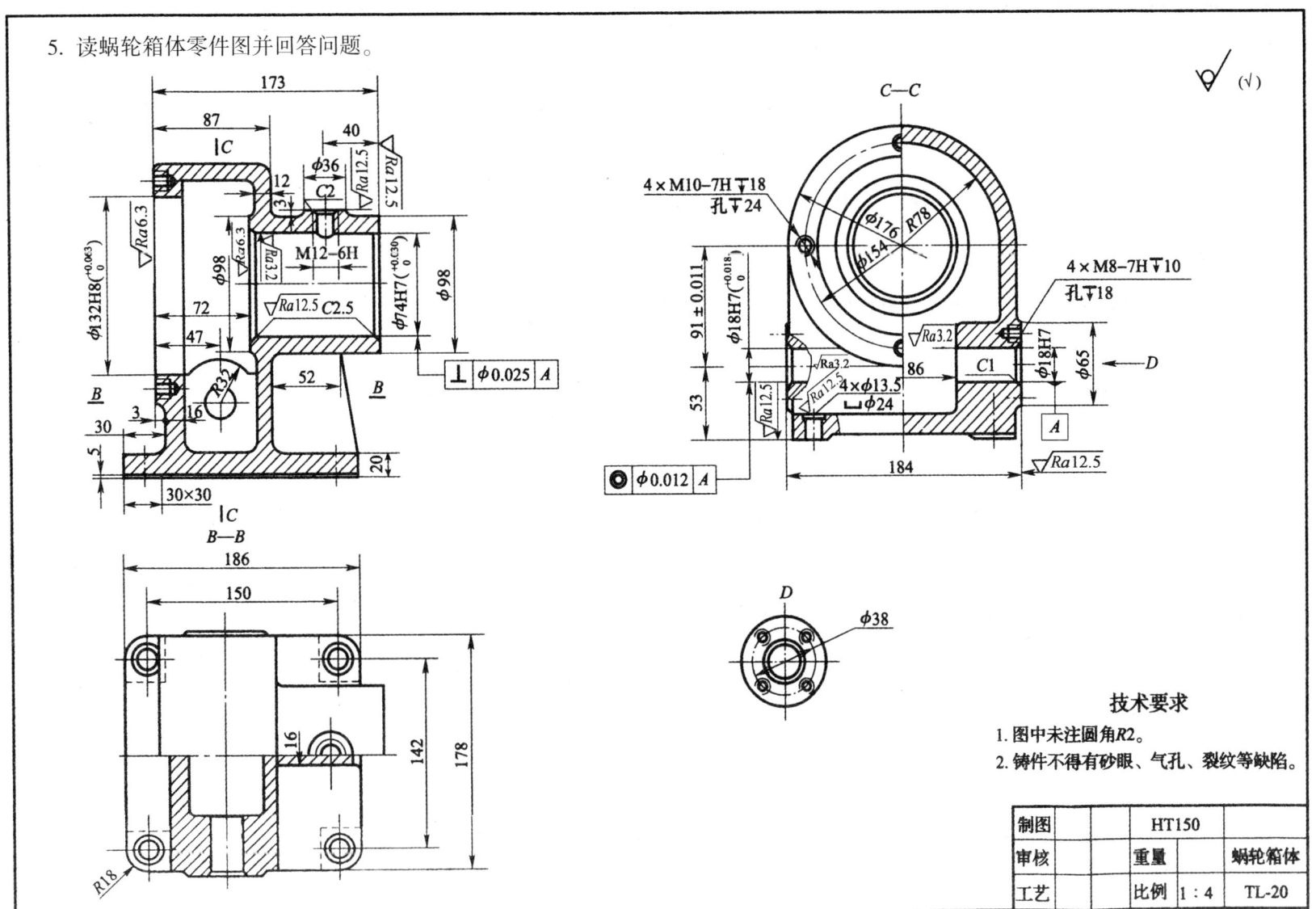

1. 表达该零件共用了_____个图形，其中有_____个基本视图。

2. 该零件的名称是_____，使用的材料是_____，选用的比例是_____。

3. D 是_____图，$C-C$ 是_____图，$B-B$ 是_____图。

4. 该零件上共有_____个螺纹孔，它们的标注分别是_____、_____、_____。

5. 该零件上表面结构要求最高的表面是_____，它的表面粗糙度是_____。

6. 该零件的底部形状是_____，其定形尺寸是_____。

6. 看零件图并回答问题

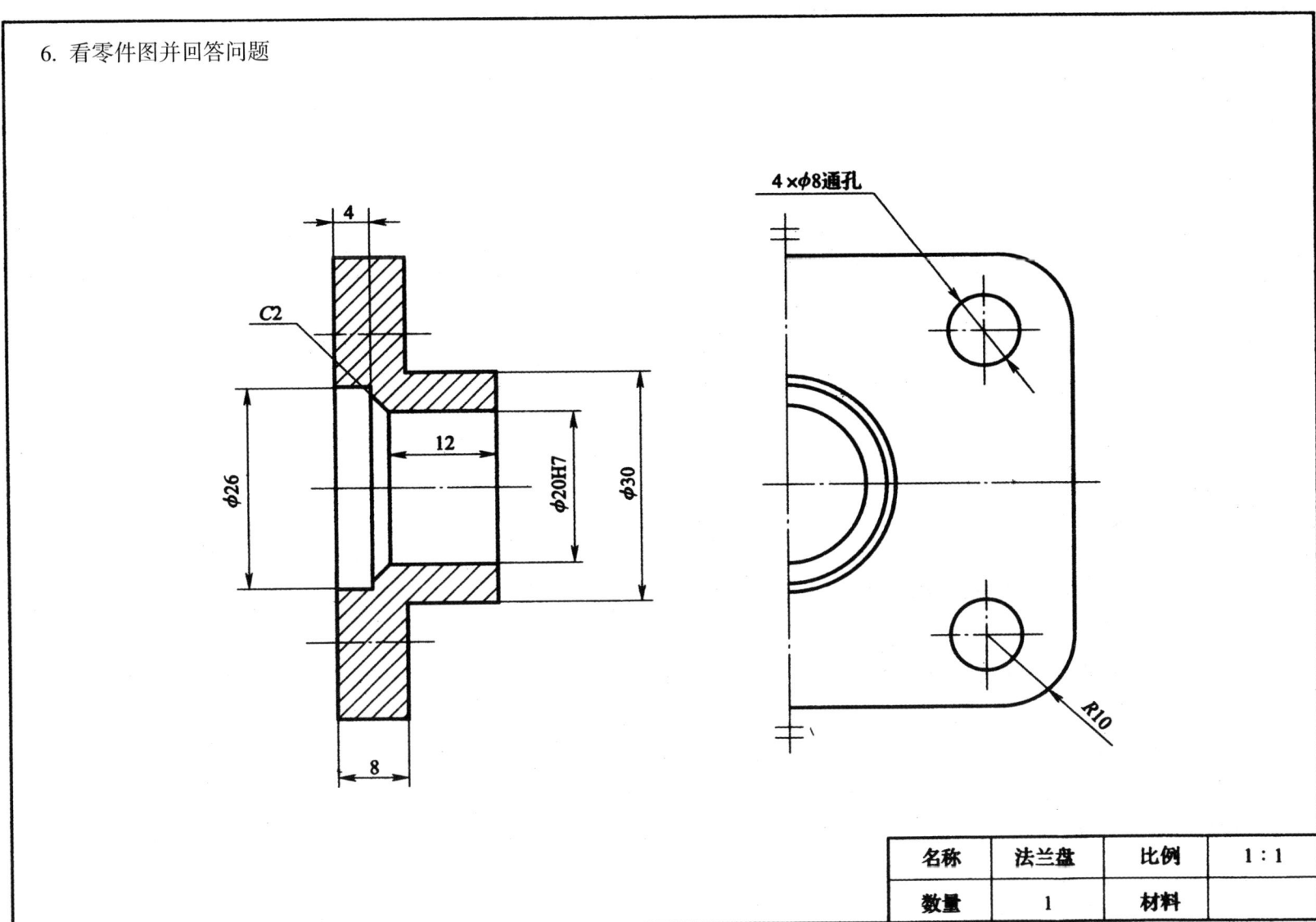

1. 补全尺寸

2. 标注技术要求

（1） ϕ20H7 孔的上下偏差（ $^{+0.021}_{\ 0}$ ）

（2） 表面粗糙度

①ϕ20H7 孔内表面的表面粗糙度 Ra 值为 3.2μm

②法兰盘最右端的表面粗糙度 Ra 值为 3.2μm

③4×ϕ8 通孔内表面的表面粗糙度 Ra 值为 3.2μm

④其余表面的表面粗糙度 Ra 值为 6.3μm

（3） 左端面对 ϕ20H7 孔轴线的垂直度公差为 0.03mm

（4） 材料为 Q235 钢

第十章 装配图

10-1 画装配图

1. 根据千斤顶的装配示意图和零件图，画装配图

注意事项（画图步骤）

1. 初步了解。根据名称和装配示意图，对装配体的功能进行粗略分析，并将其与零件图的相应序号相对照，区分一般零件和标准件，并确定其数量，分析装配图的复杂程度及大小。

2. 详读零件图。依据示意图详读零件图，进而分析装配顺序、零件之间的装配关系、连接方法，弄清传动路线、工作原理。

3. 确定表达方案，选择主视图和其他视图。

4. 合理布图。先画出各视图的作图基准线（主要装配干线、对称线等）。

5. 拟定画图顺序。画剖视图时，一般从装配干线入手，由内向外逐个画出各个零件的投影（也可酌情由外向里绘制）。

6. 注意相邻零件剖面线的画法。标注尺寸，填写技术要求，编好序号。

7. 作图后，应按装配图的内容，认真做一次全面检查和修正。

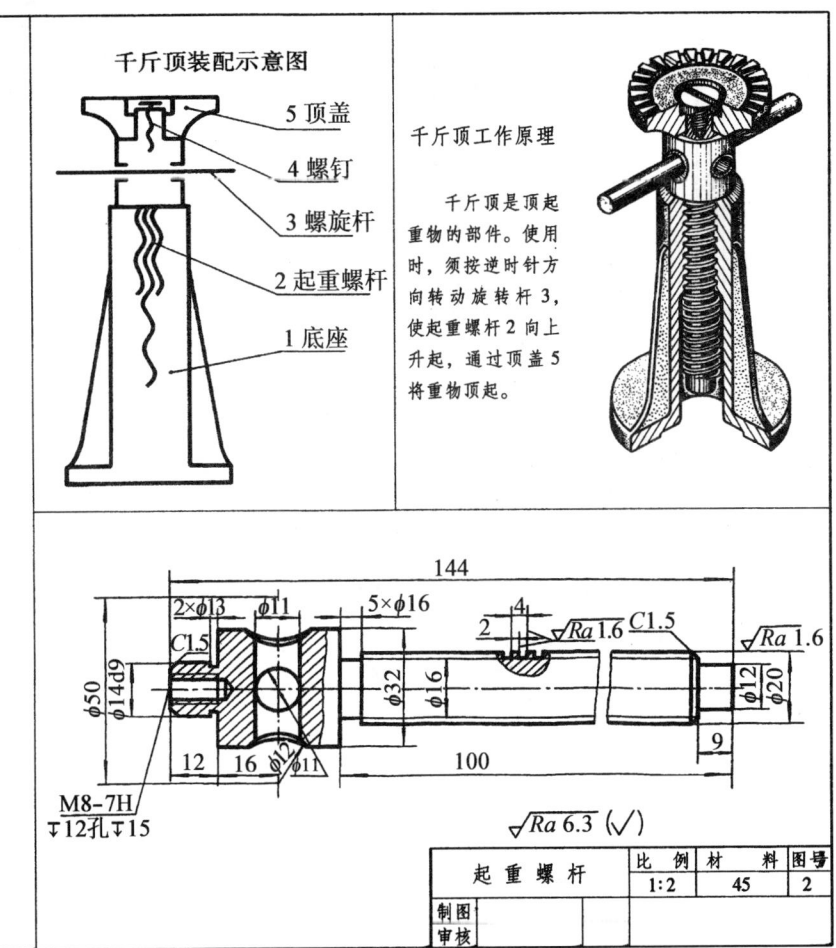

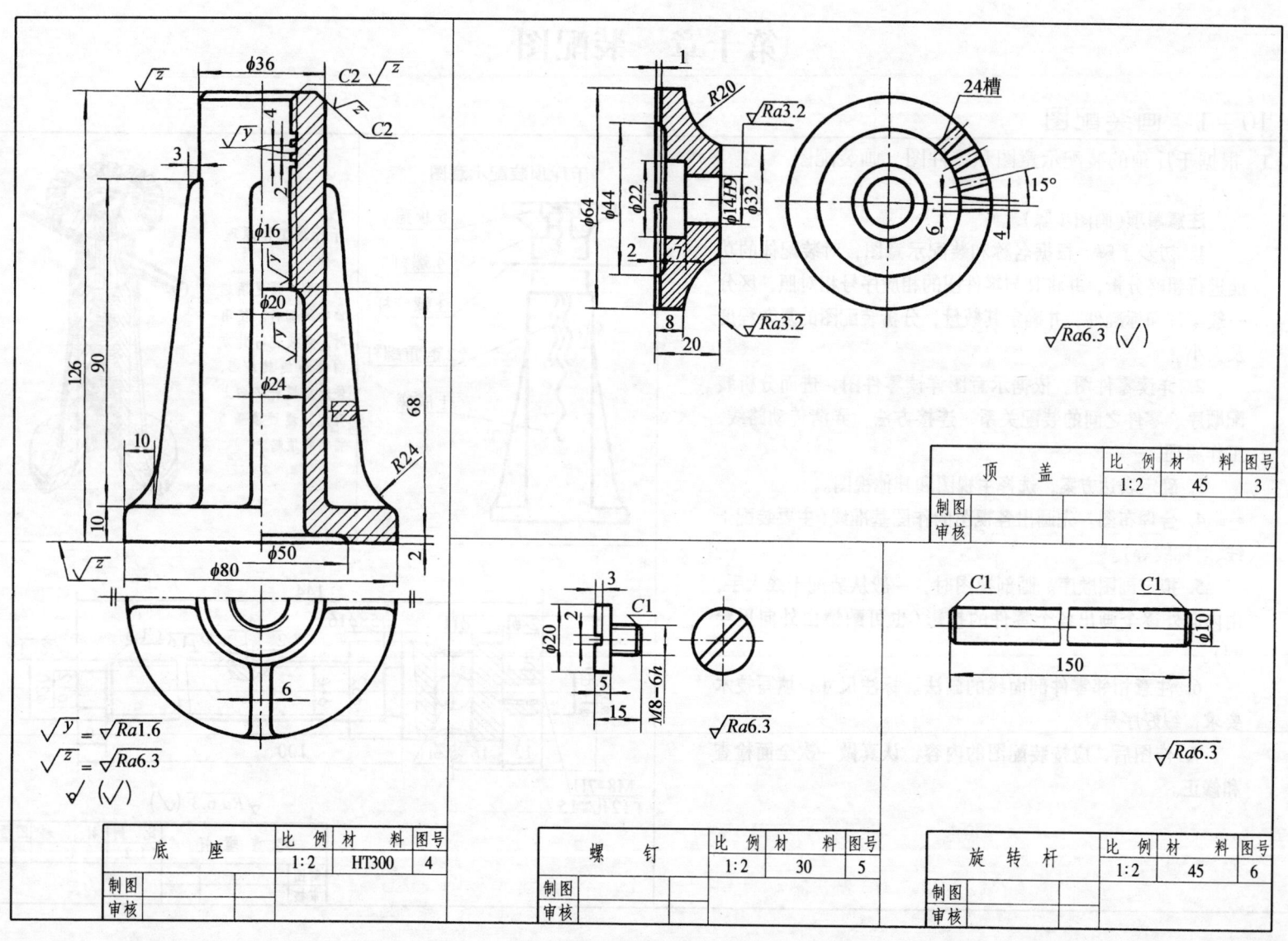

2. 根据铣刀头的装配示意图和零件图，画装配图

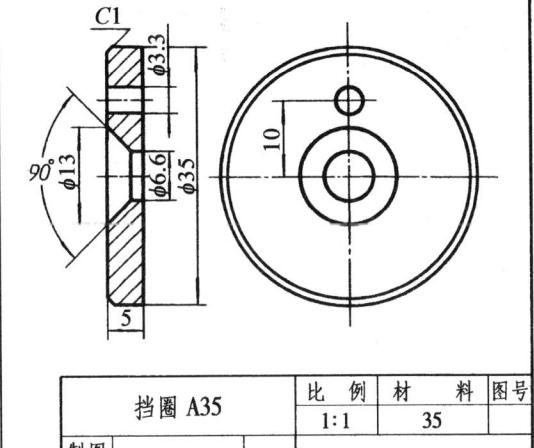

挡圈 A35		比例	材料	图号
		1:1	35	
制图				
审核				

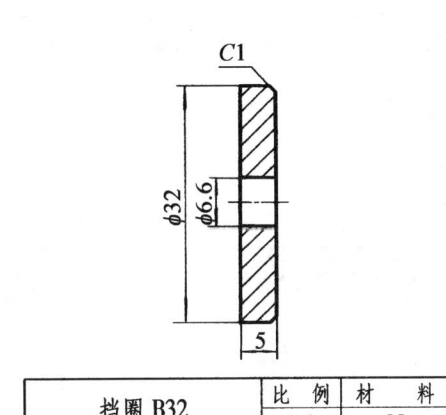

挡圈 B32		比例	材料	图号
		1:1	35	
制图				
审核				

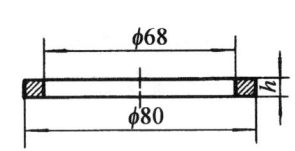

注：图中 h 根据装配时端盖与轴承之间的间隙而定。画图时，可按 $h \approx 5$ 绘制。

调整环		比例	材料	图号
		1:1	Q235—A	
制图				
审核				

铣刀头装配示意图

铣刀头中标准件明细表

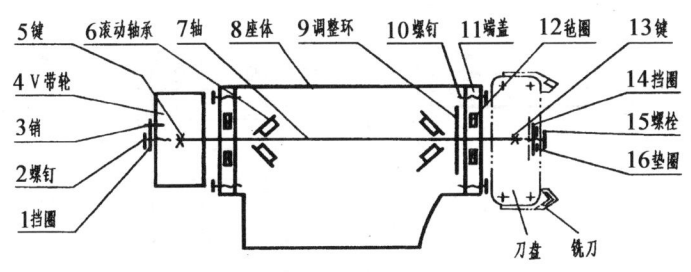

注：铣刀盘不属于该装配体。绘图时参照装配示意图，用细双点画线画出。

序号	名称	数量	相关标准
1	挡圈 A35	1	GB/T 891—1986
2	螺钉 M6×18	1	GB/T 68—2000
3	销 3m6×12	1	GB/T 119.1—2000
5	键 8×40	1	GB/T 1096—2003
6	滚动轴承 30307	2	GB/T 297—1994
10	螺钉 M8×22	12	GB/T 70—2000
12	毡圈	2	FJ 314—1981
13	键 6×20	2	GB/T 1096—2003
14	挡圈 B32	1	GB/T 892—1986
15	螺栓 M6×20	1	GB/T 5781—2000
16	垫圈 6	1	GB/T 93—1987

在教材中，铣刀头上的零件图还有：
1. 件 8（座体）：图 7-61
2. 件 4（带轮）：图 7-61
3. 件 11（端盖）：图 7-61
4. 件 7（轴）：图 7-62

10-2 由装配图拆画零件图

注意事项:

1. 拆画零件图应在基本读懂装配图、弄清其装配体工作原理的基础上进行。

2. 由于装配图中所示的零件图形，结构形状往往不甚完整，尺寸尤其不全、技术要求又很有限。所以，拆图时，除了按画零件图的要求，使其具备完整的内容外，还要特别注意它与相关零件在结构形状、尺寸、表面粗糙度、极限与配合、形位公差、连接方式等方面的协调性或一致性。

3. 充分考虑零件工艺结构的合理性和标准件的标准化。

4. 拆画后，要负责地进行检查：以按此图加工出的零件组装成装配体，确保其功能的实现为尺度，重新审视、盘查所有零件和标准件的可靠性，综合考虑组装的可能性、合理性和相关零件的协调性，以保证机器能够有效地"动"起来。

1. 读旋阀装配图，并拆画件1阀体的零件草图（画在适当位置）

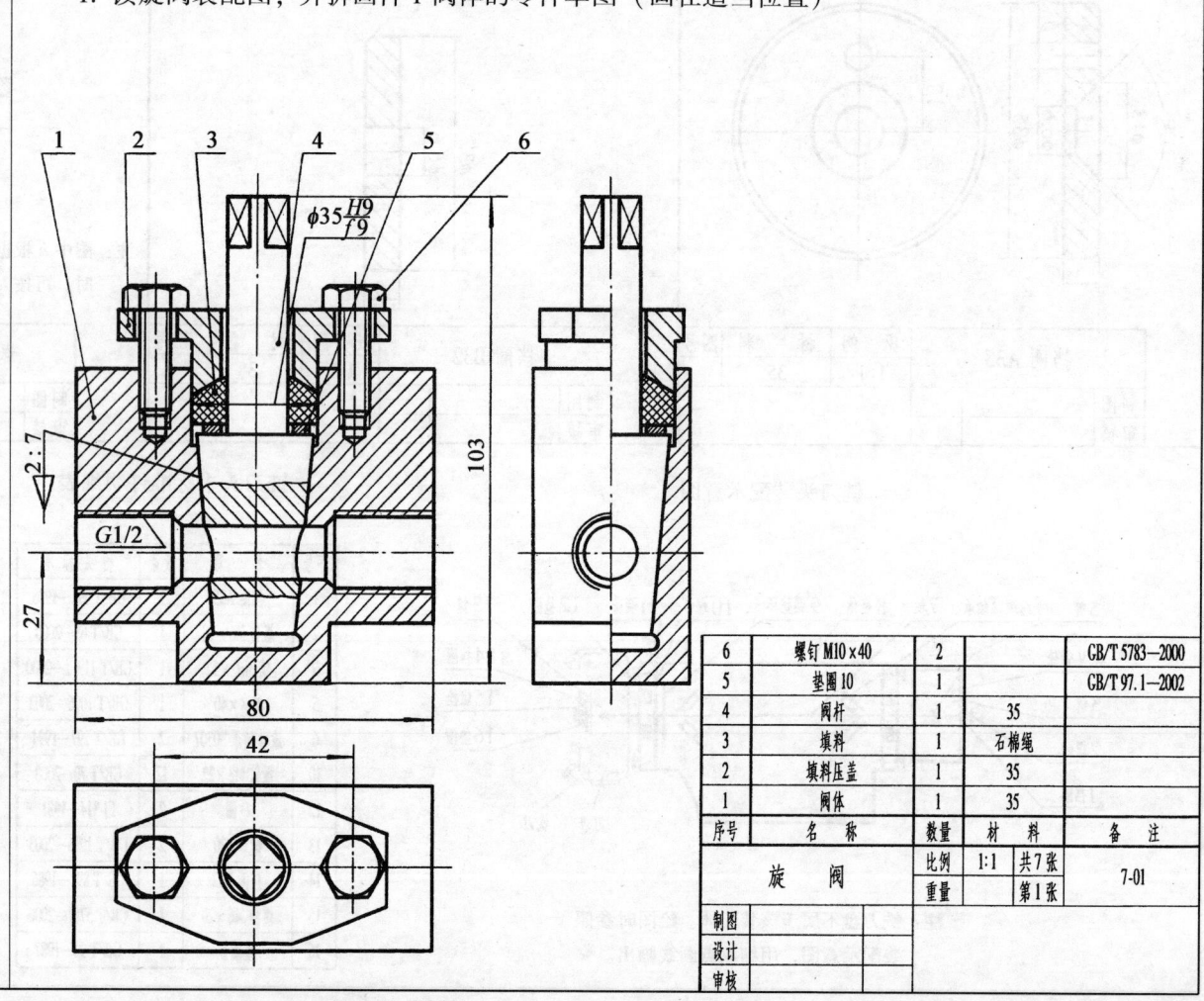

2. 读钻模装配图，并拆画件1底座的零件草图

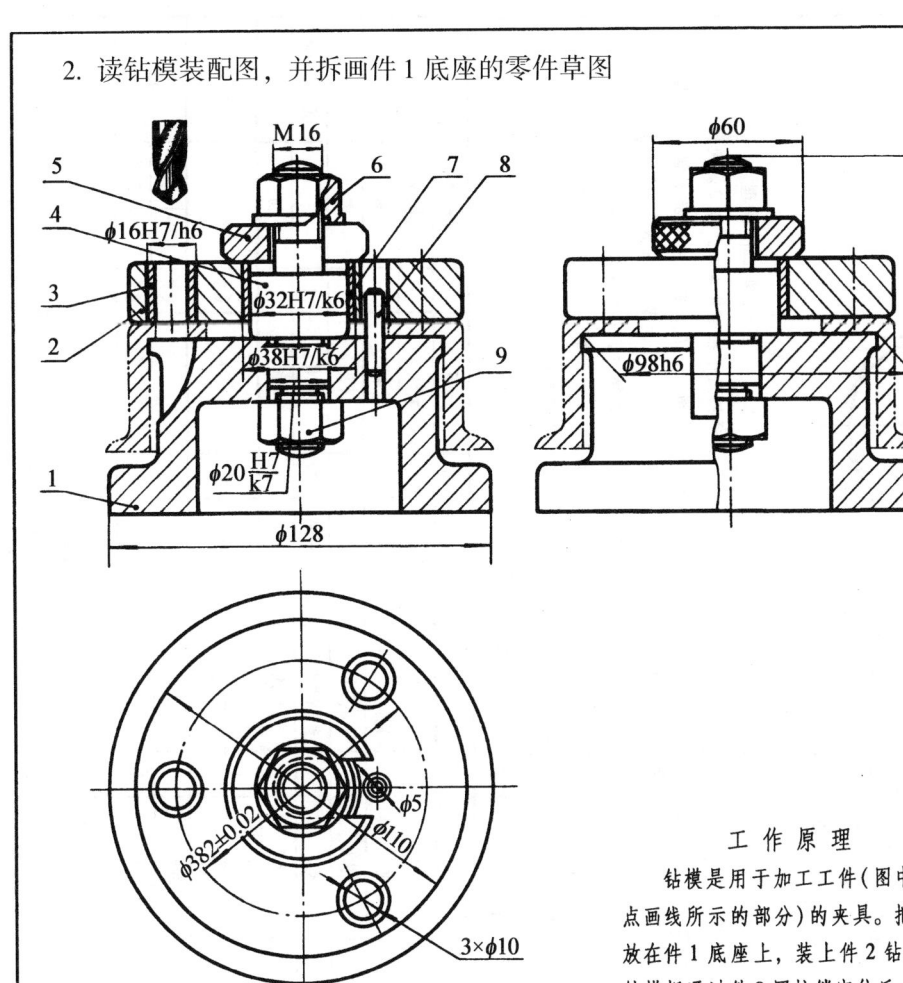

9	螺母 M16	1		GB/T 6710—2000
8	销 5m6×30	1		GB/T 119.1—2000
7	衬套	1	45	
6	特制螺母	1	35	
5	开口垫圈	1	45	
4	轴	1	45	
3	钻套	3	T8	
2	钻模板	1	45	
1	底座	1	HT150	
序号	名称	数量	材料	备注

钻 模	比例	1:1	共10张	7-01
	重量		第1张	
制图				
设计				
审核				

工作原理

钻模是用于加工工件(图中用双点画线所示的部分)的夹具。把工件放在件1底座上，装上件2钻模板，钻模板通过件8圆柱销定位后，再放置件5开口垫圈，并用件6特制螺母压紧。钻头通过件3钻套的内孔，准确地在工件上钻孔。

3. 读三通阀装配图，并拆画零件图

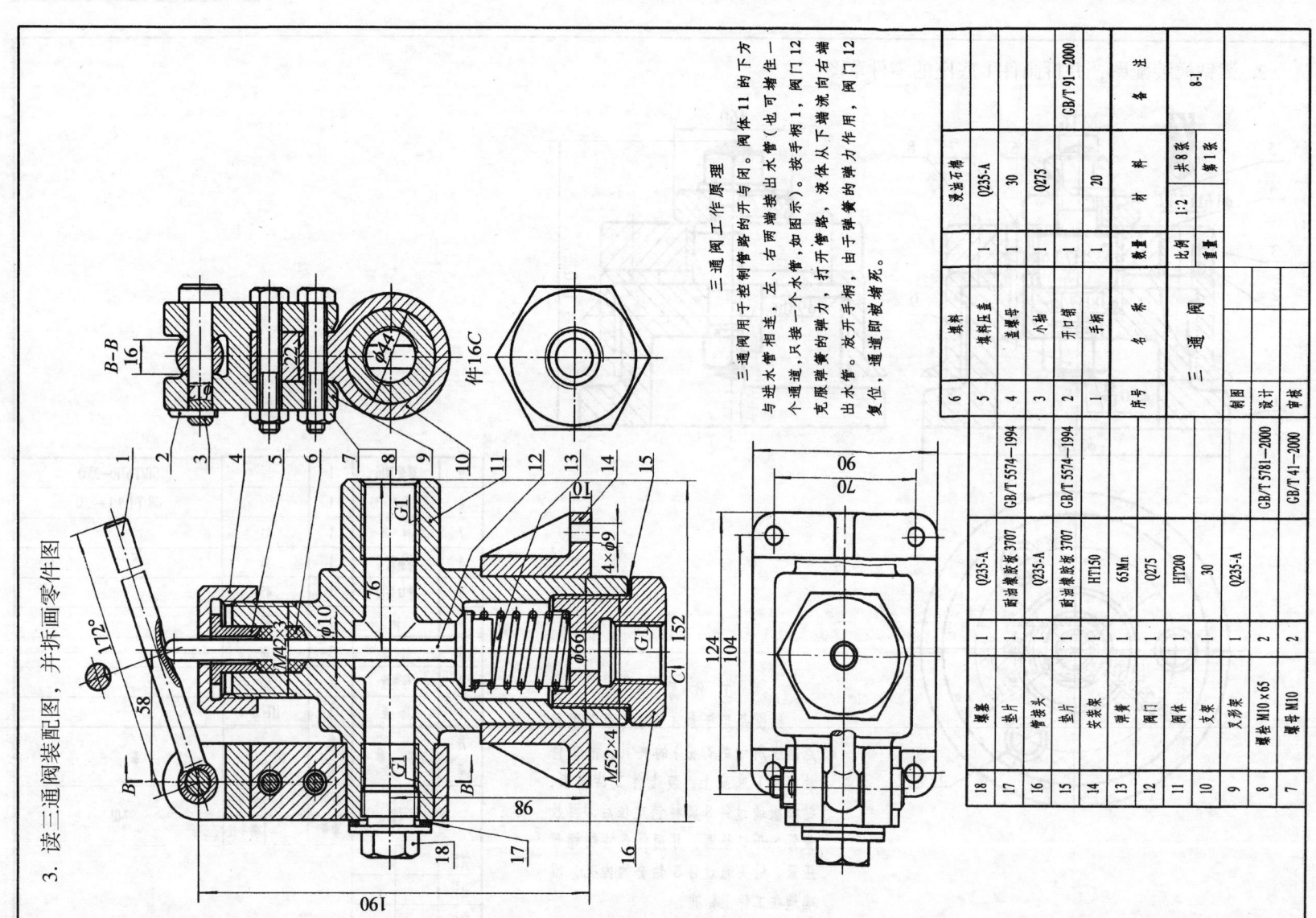

4. 读台虎钳装配图，并拆画2~3个零件的零件工作图

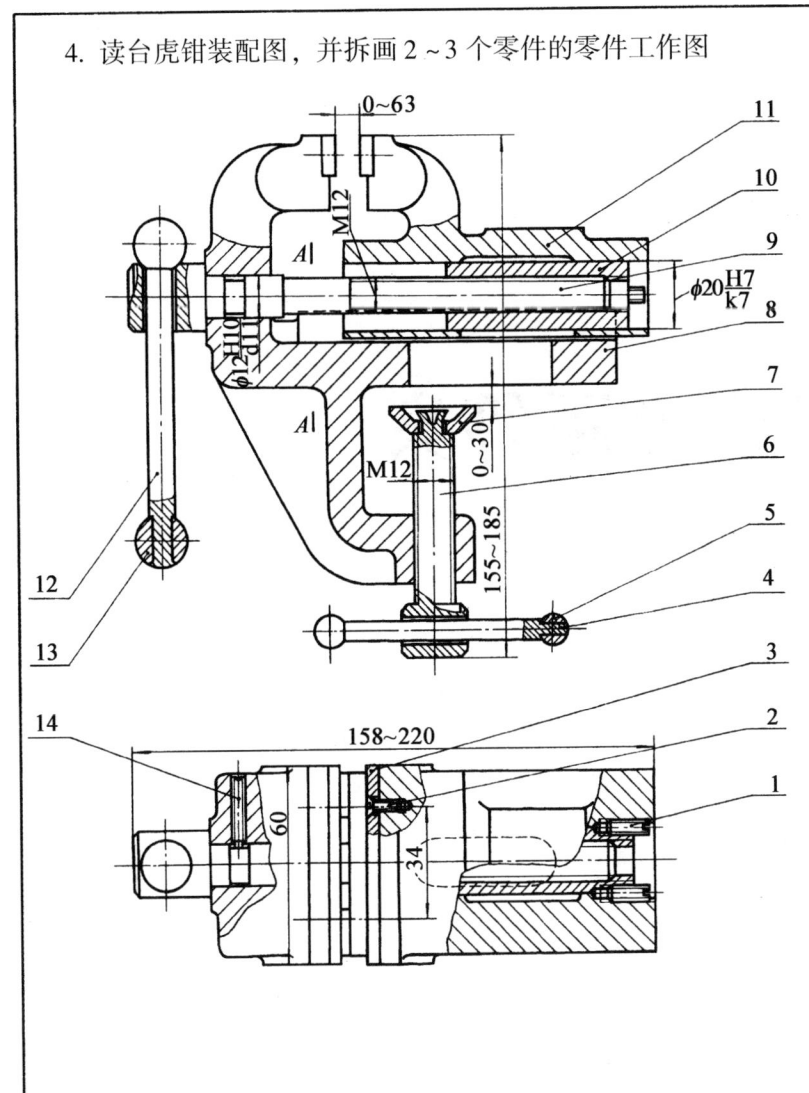
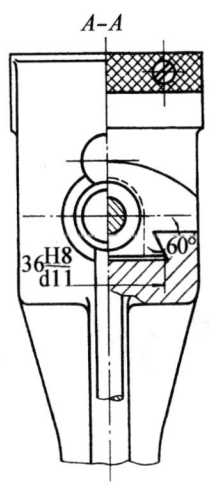

工作原理

台虎钳是夹持工件用的。其工作原理是：转动手柄12，丝杠9随之转动（由螺钉14加以限制，它不能左右移动），并使螺母筒10与活动钳身11同时左右移动（二者用螺钉1连接），以达到夹紧、松开工件的目的。

技术要求

1. 件4与件5装配后，将件4头部打铆凿圆。
2. 件6与件7装配后，将件6头部小孔冲大。

14	螺钉M5×22	1		GB/T 75—1985
13	球	2	Q235-A	
12	手柄	1	Q235-A	
11	活动钳身	1	HT200	
10	螺母筒	1	Q235-A	
9	丝杠	1	45	
8	固定钳身	1	HT200	
7	顶碗	1	Q235-A	
6	螺杆	1	Q235-A	
5	球	2	Q235-A	
4	杆	1	Q235-A	
3	钳口板	2	45	
2	沉头螺钉M4×10	4		GB/T 68—2000
1	螺钉M5×12	2		GB/T 73—1985
序号	名称	数量	材料	备注

台 虎 钳	比例	1:2	共7张	7-01
	重量		第1张	
制图				
设计				
审核				

第二部分　部分习题答案

第一章 制图基本知识

1-1 线型练习

1. 在指定的位置处，照样画出图线和图形

2. 填写图中尺寸数字（按1:1在图上量，取整数）

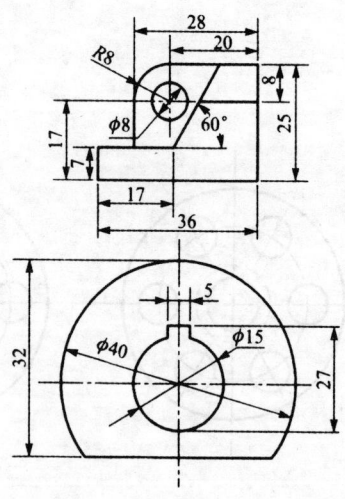

3. 补出尺寸线箭头，并填写尺寸数值（按1:1在图上量，取整数）

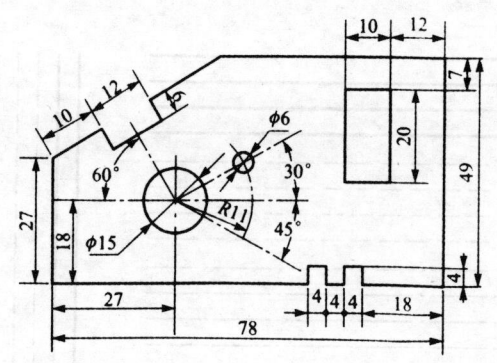

第二章 几何作图

2-2 圆弧连接

1. 完成下面图形的线段连接（1∶1）

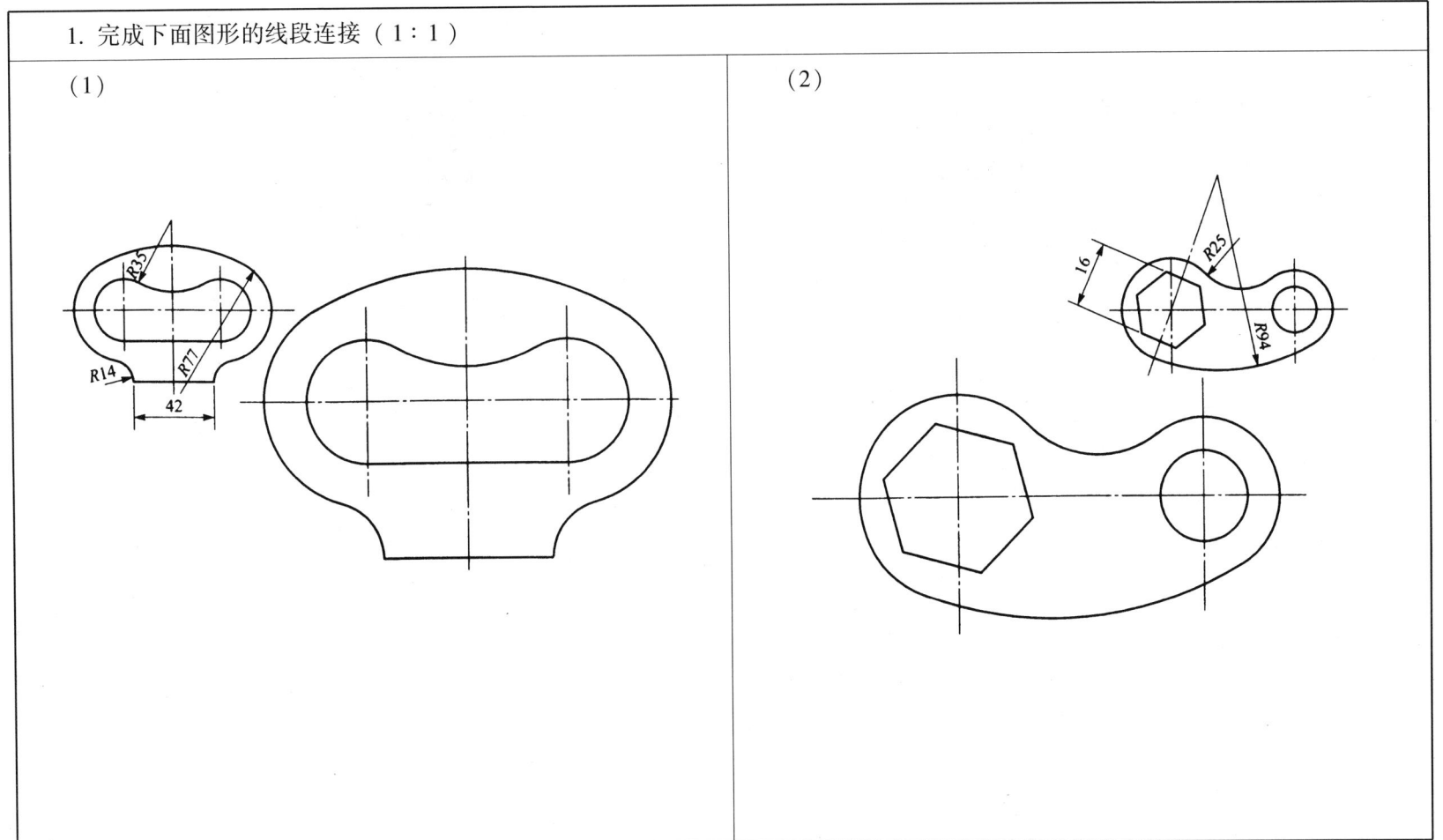

2. 按所示图形及尺寸，在指定位置画出图形，并标注尺寸

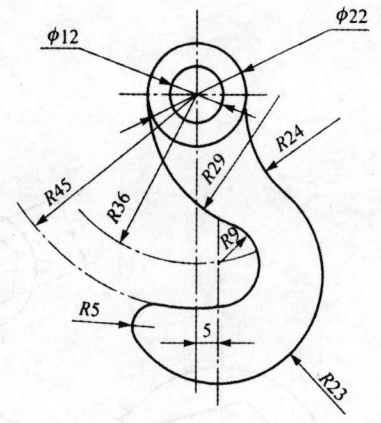

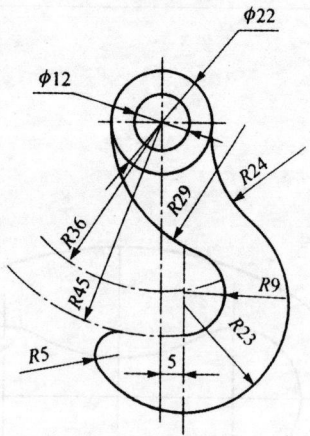

第三章　投影作图

3-2　三视图

3. 按箭头所示的投影方向，把正确视图的图号填入各立体图的圆圈内

②	②	⑥	⑱
⑦	㉓	⑮	④
⑲	㉑	⑬	①
⑬	㉓	⑳	⑤
⑫	⑪	⑭	㉔

3-3 点的投影

4. 已知点的两面投影，求作它们的第三投影

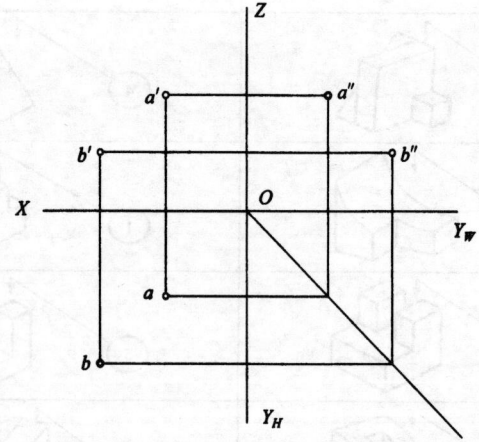

8. 作各点的三面投影：A (25, 15, 20)，B (20, 10, 15)，点 C 在 A 点之左 10，A 之前 15，A 之上 12

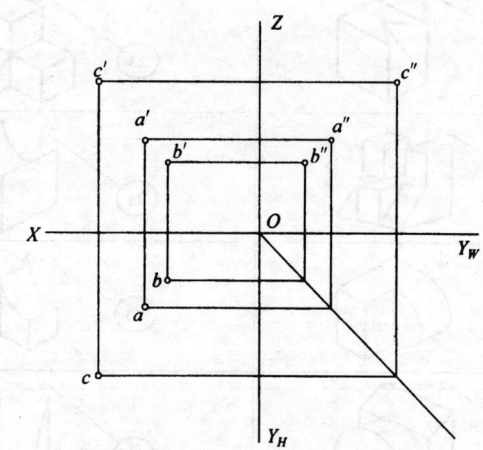

3-4 直线的投影

1. 判断下列直线相对投影面的位置

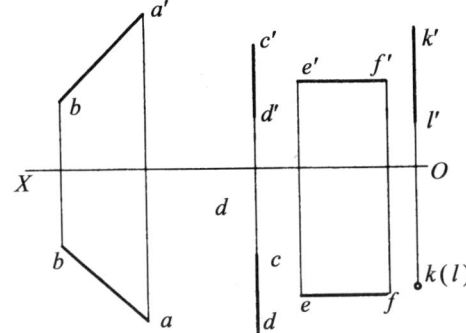

ab 是一般位置线　　cd 是侧平线
ef 是<u>侧垂线</u>　　　　kl 是<u>铅垂线</u>

2. 过点 m 作直线 mk 与直线 ab 平行并与直线 cd 相交已知 M 的 v 面投影为 m'

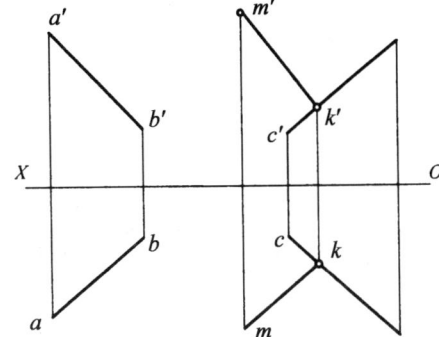

3-5 平面的投影

1. 判断 a、b、c、d 是否在同一个平面上

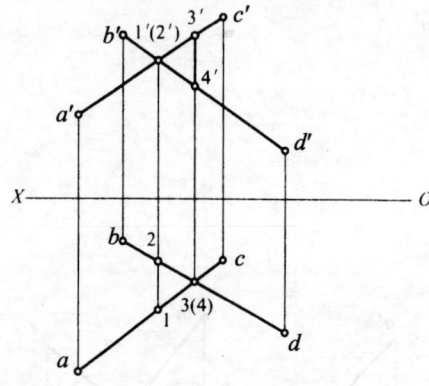

四点<u>不在同一个平面上</u>

2. 点 d 属于平面 abc，求其另一投影

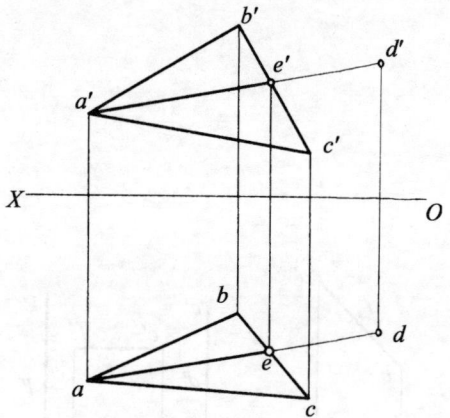

3. 求作几何体表面点的另两个投影

(1)
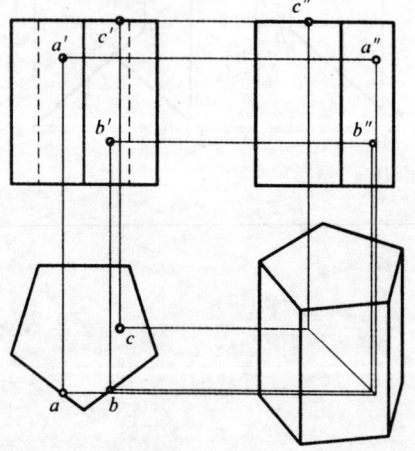

(2)
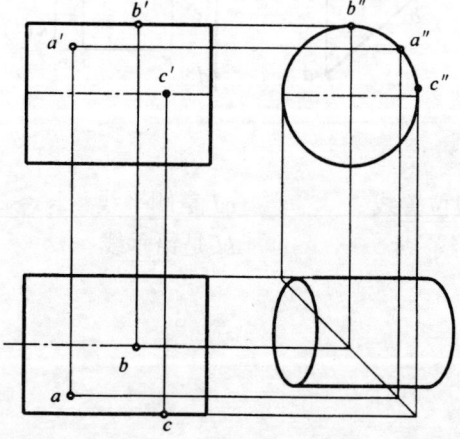

第四章 立体表面的交线

4-1 截交线

1. 分析下列各立体的截交线,并补全立体的三面投影

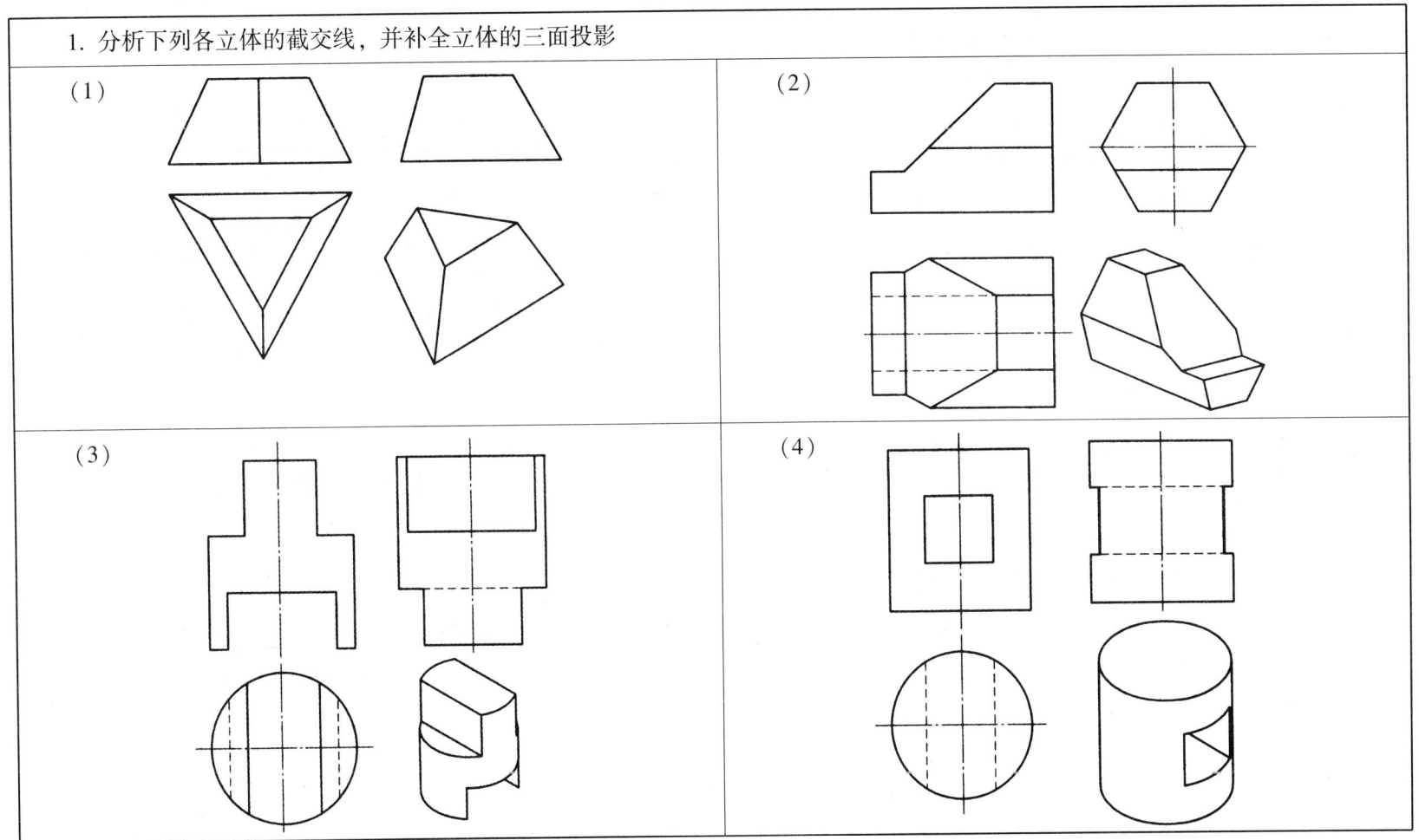

1. 分析下列各立体的截交线，并补全立体的三面投影

(5)

(6)

(7)

(8)

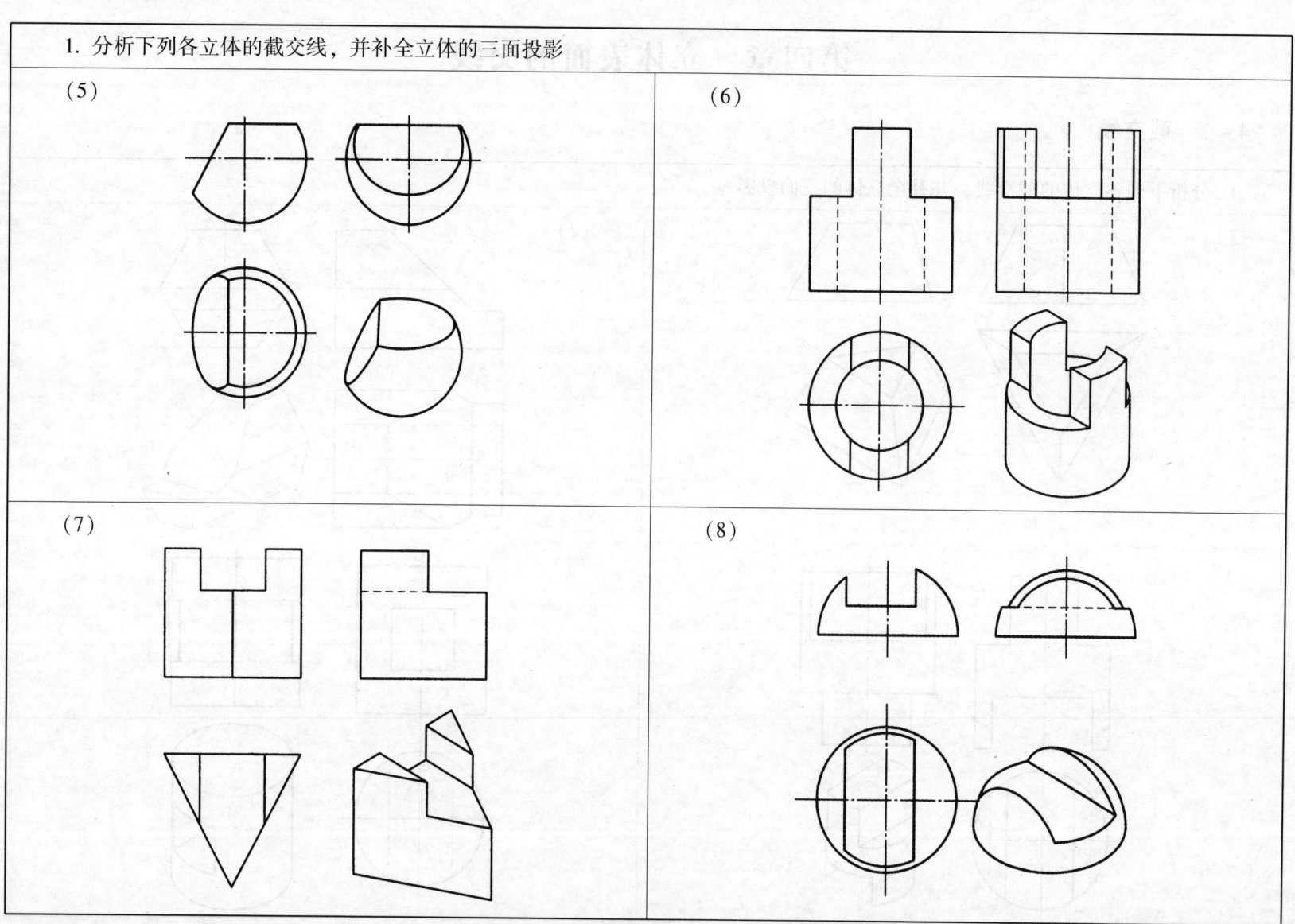

1. 分析下列各立体的截交线，并补全立体的三面投影

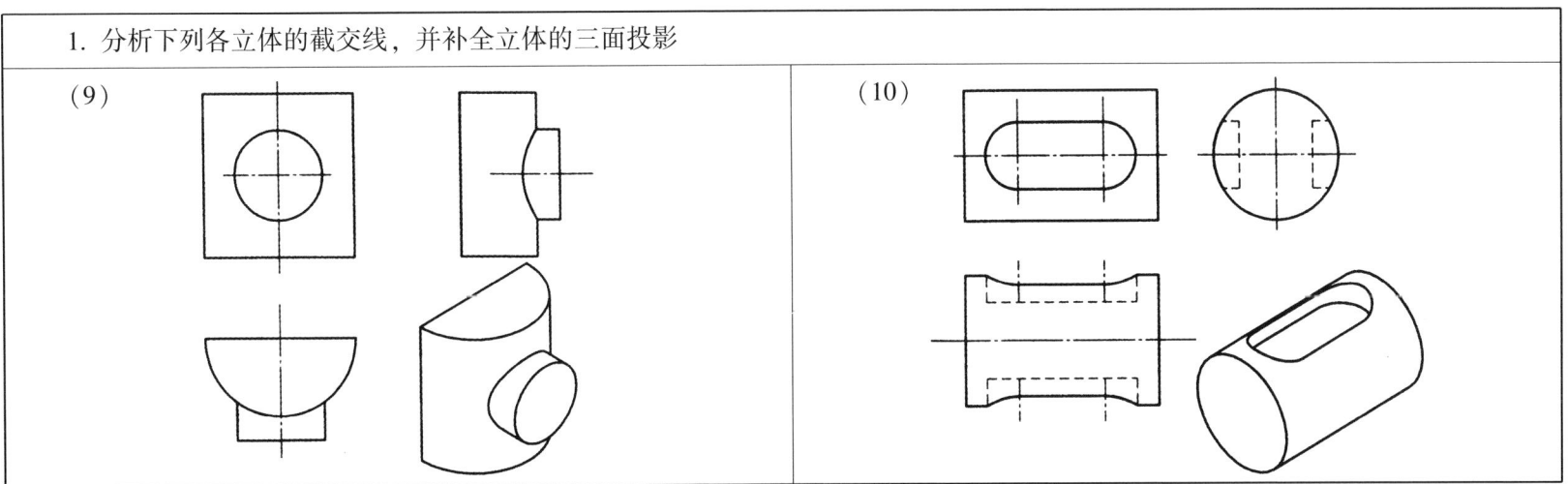

4-2 相贯线

2. 根据所给立体图，分析下列各曲面立体的相贯线，并补全各面投影

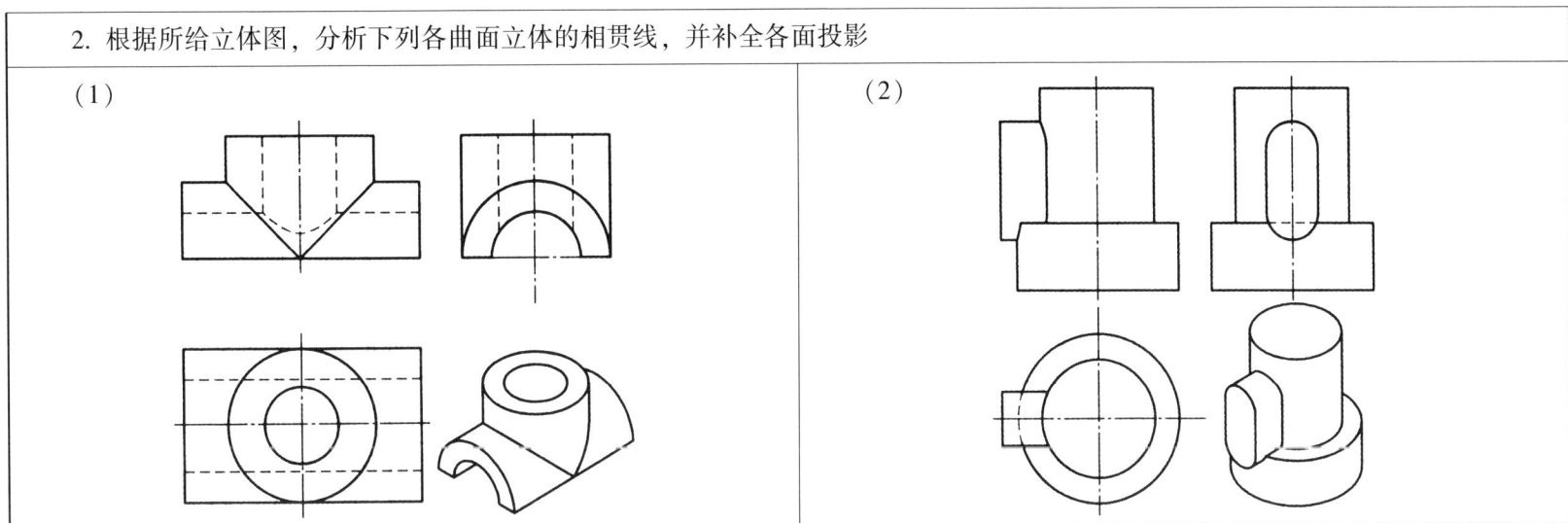

第五章 组合体

5-1 根据立体图补画三视图

1. 根据立体图及所给两视图，补画第三视图

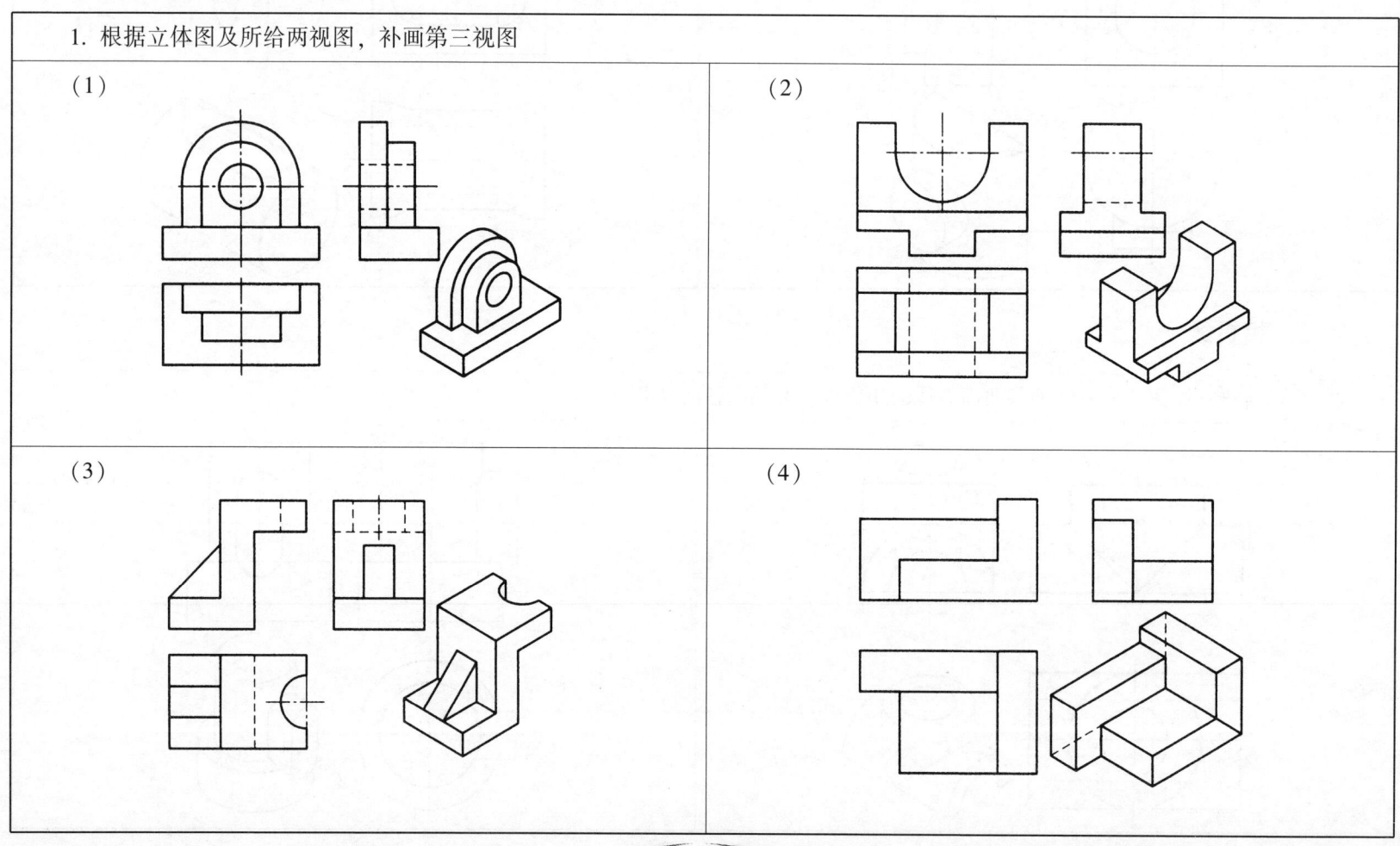

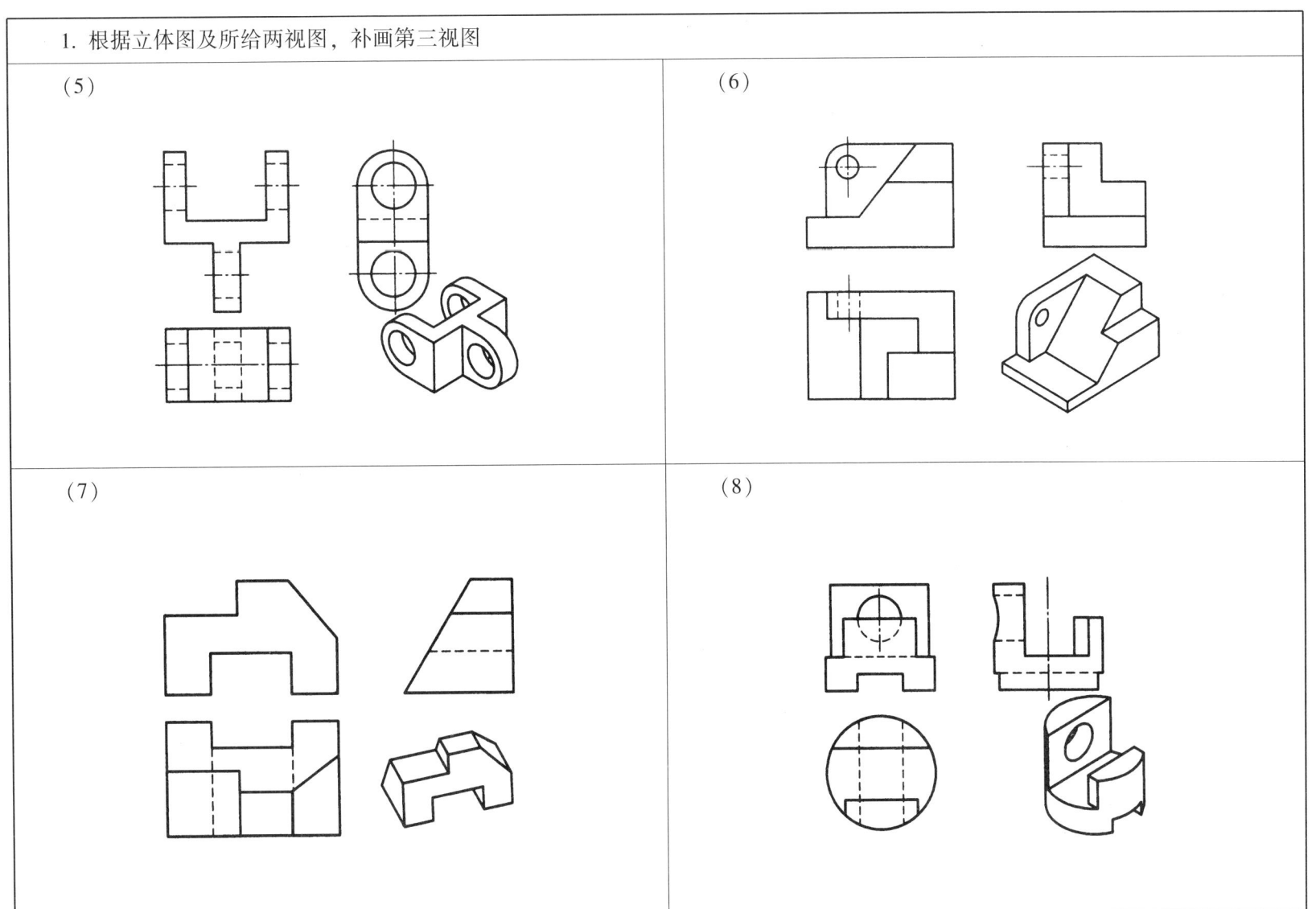

1. 根据立体图及所给两视图，补画第三视图

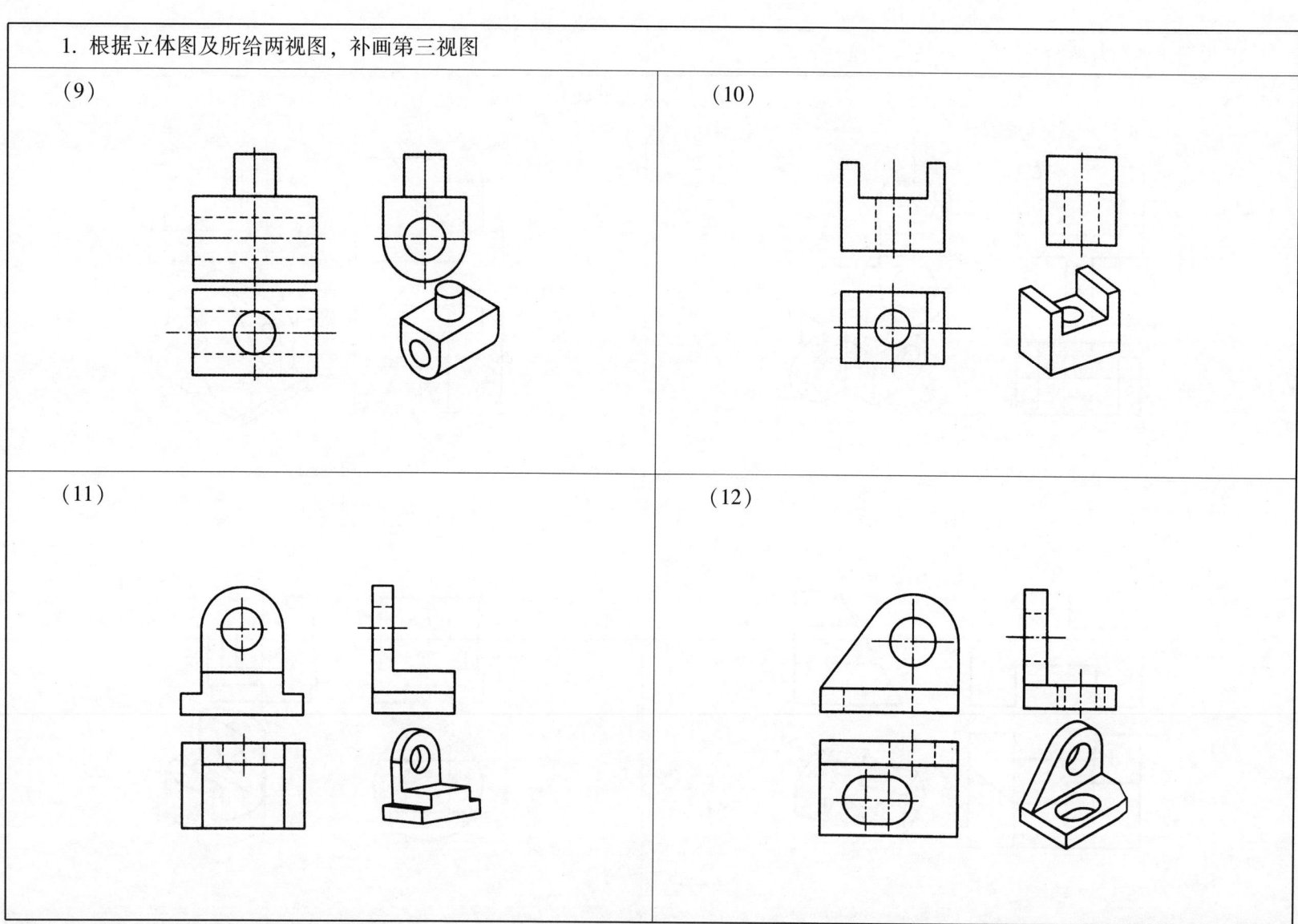

2. 根据给出的立体图画出三视图（尺寸从立体图上取）

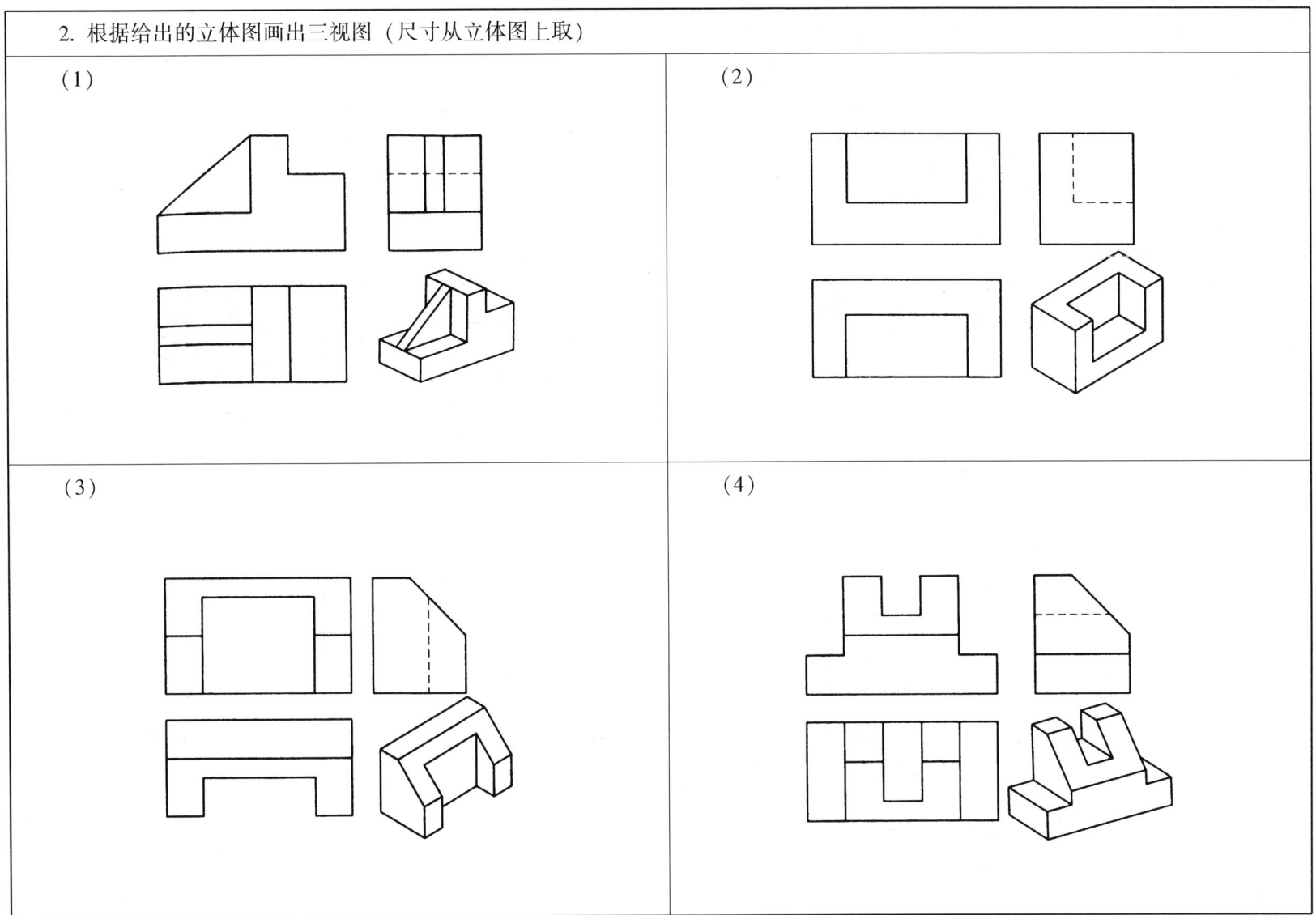

2. 根据给出的立体图画出三视图（尺寸从立体图上取）

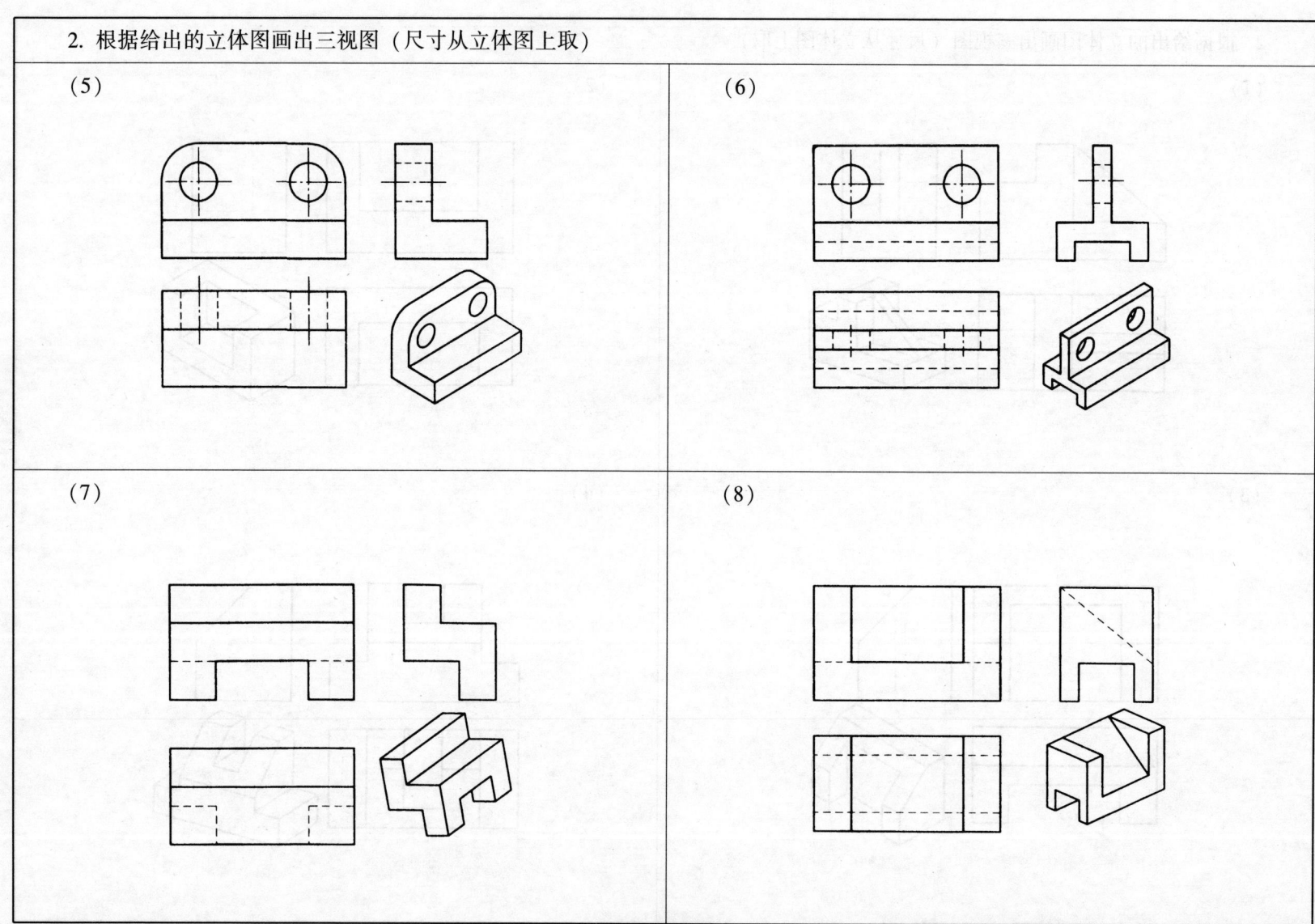

2. 根据给出的立体图画出三视图（尺寸从立体图上取）

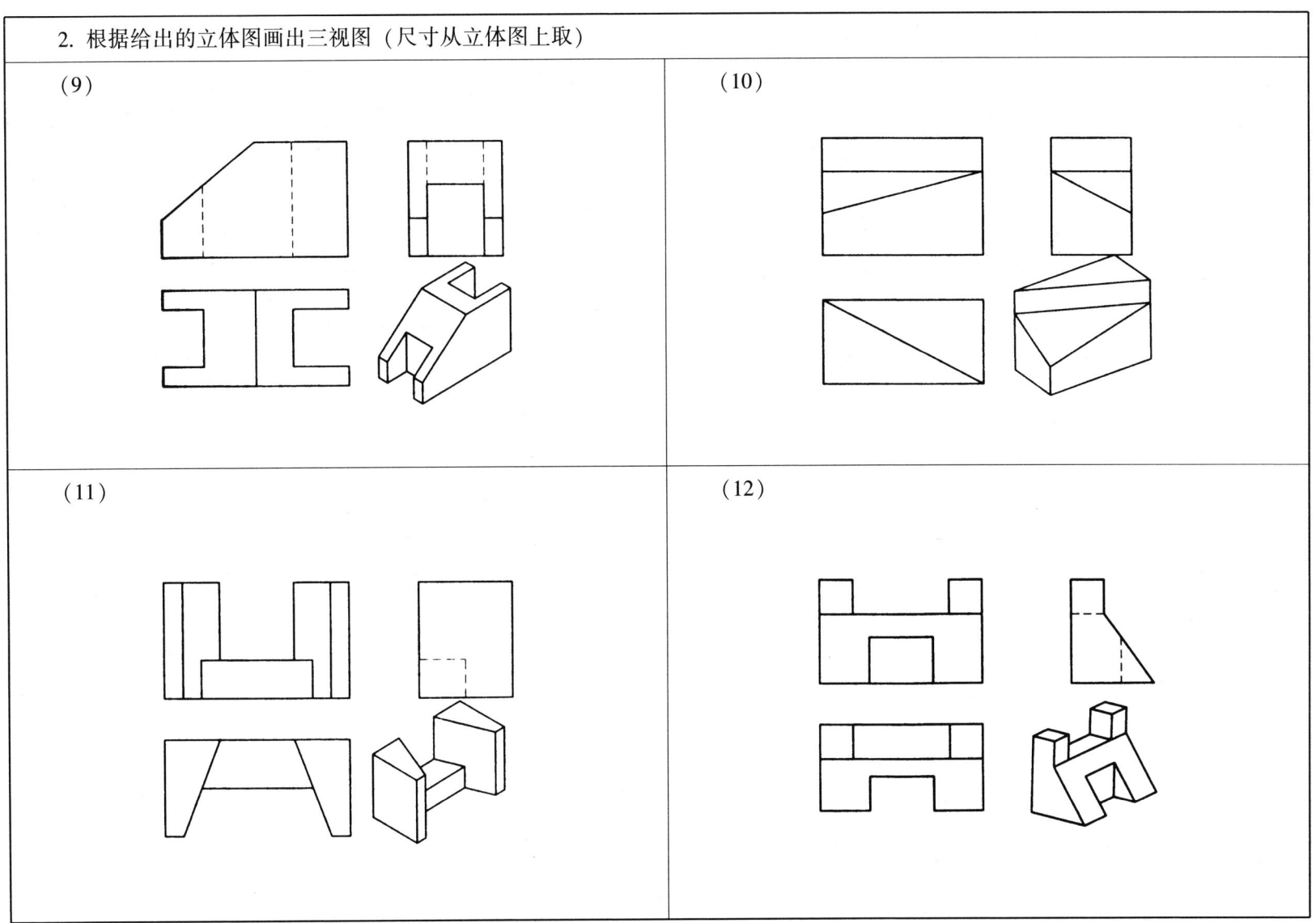

2. 根据给出的立体图画出三视图（尺寸从立体图上取）

(13)

(14)

(15)

(16)

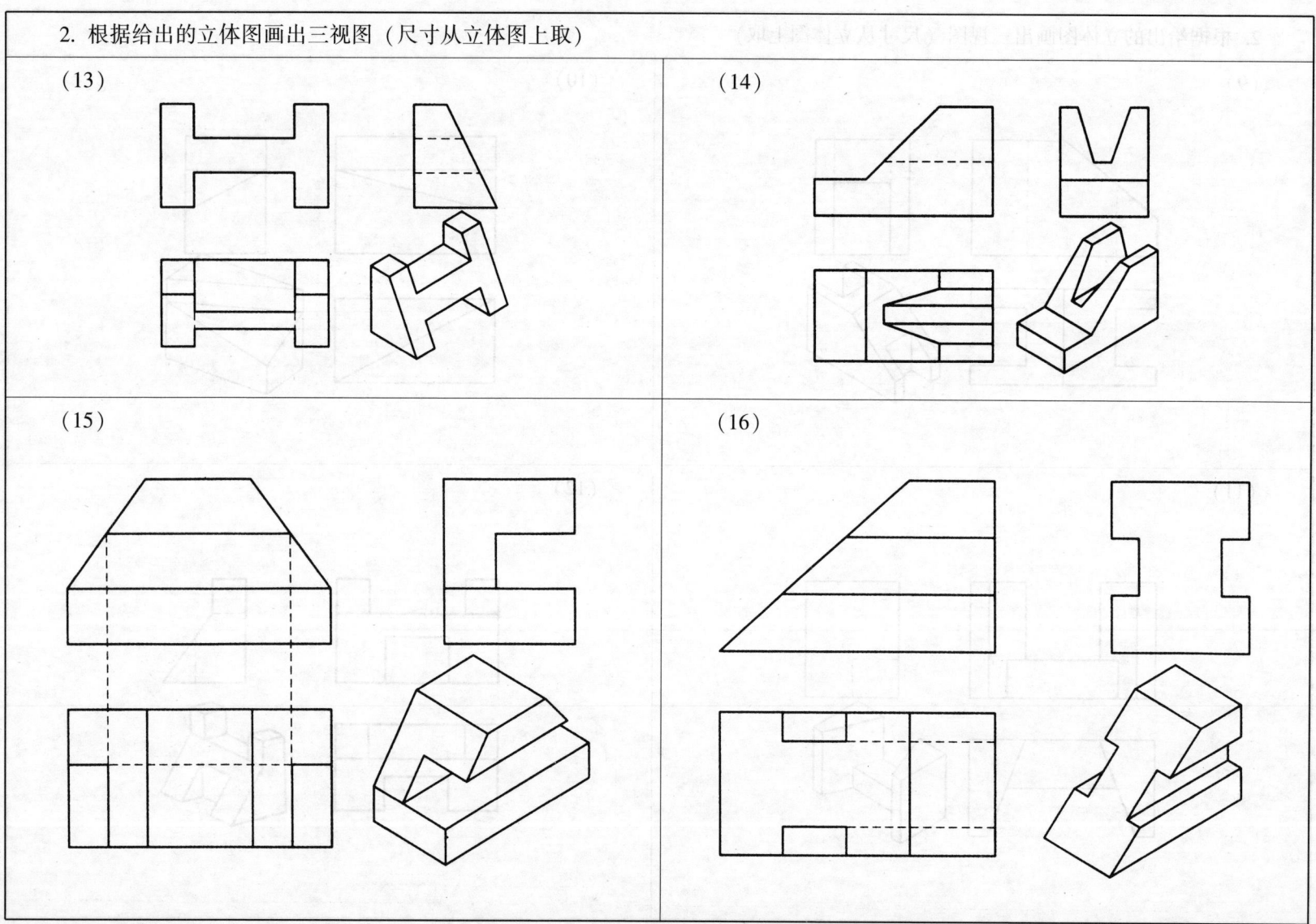

第七章 标准件与常用件

7-1 螺纹

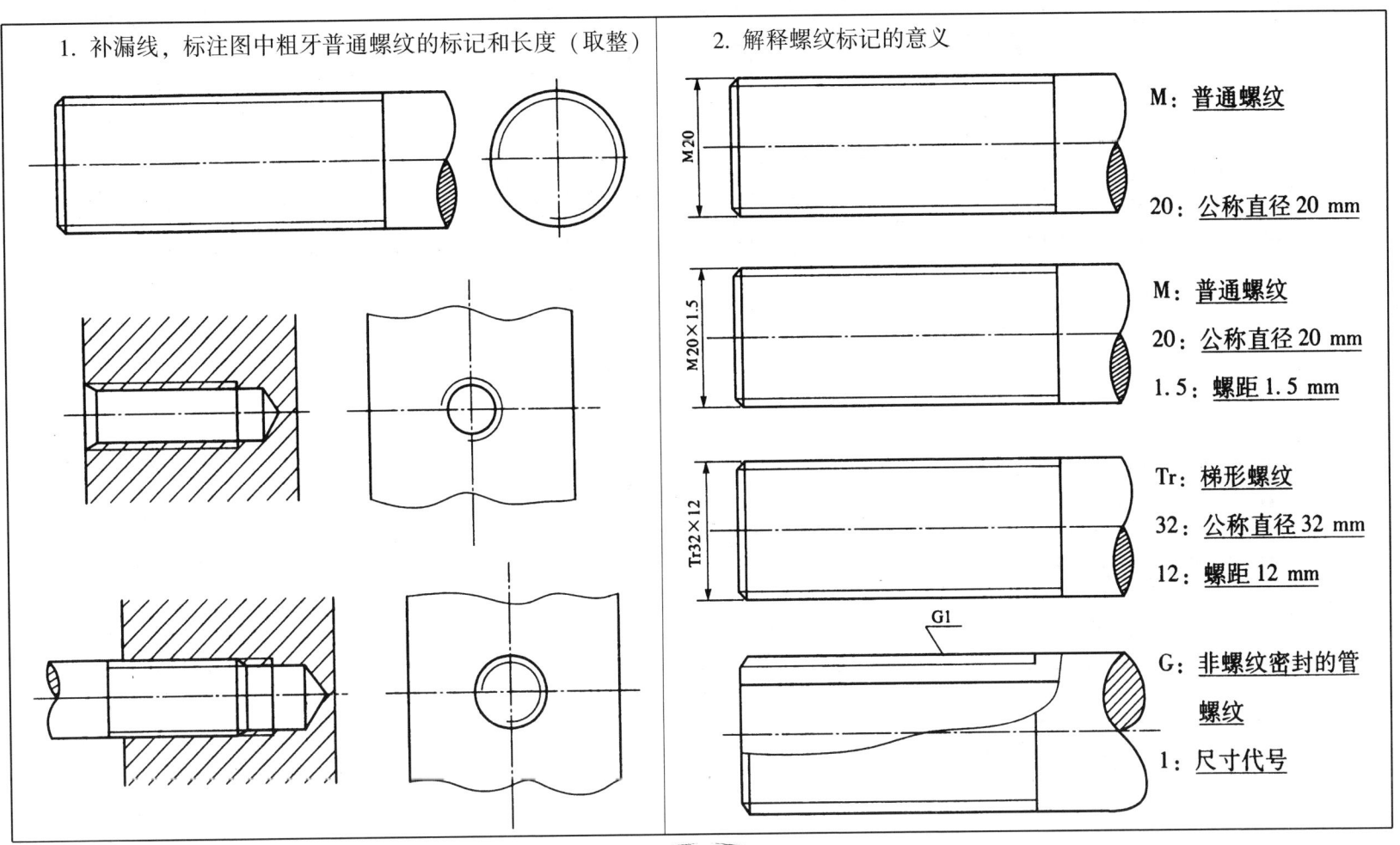

3. 分析螺纹画法中的错误，在指定位置画出正确的视图

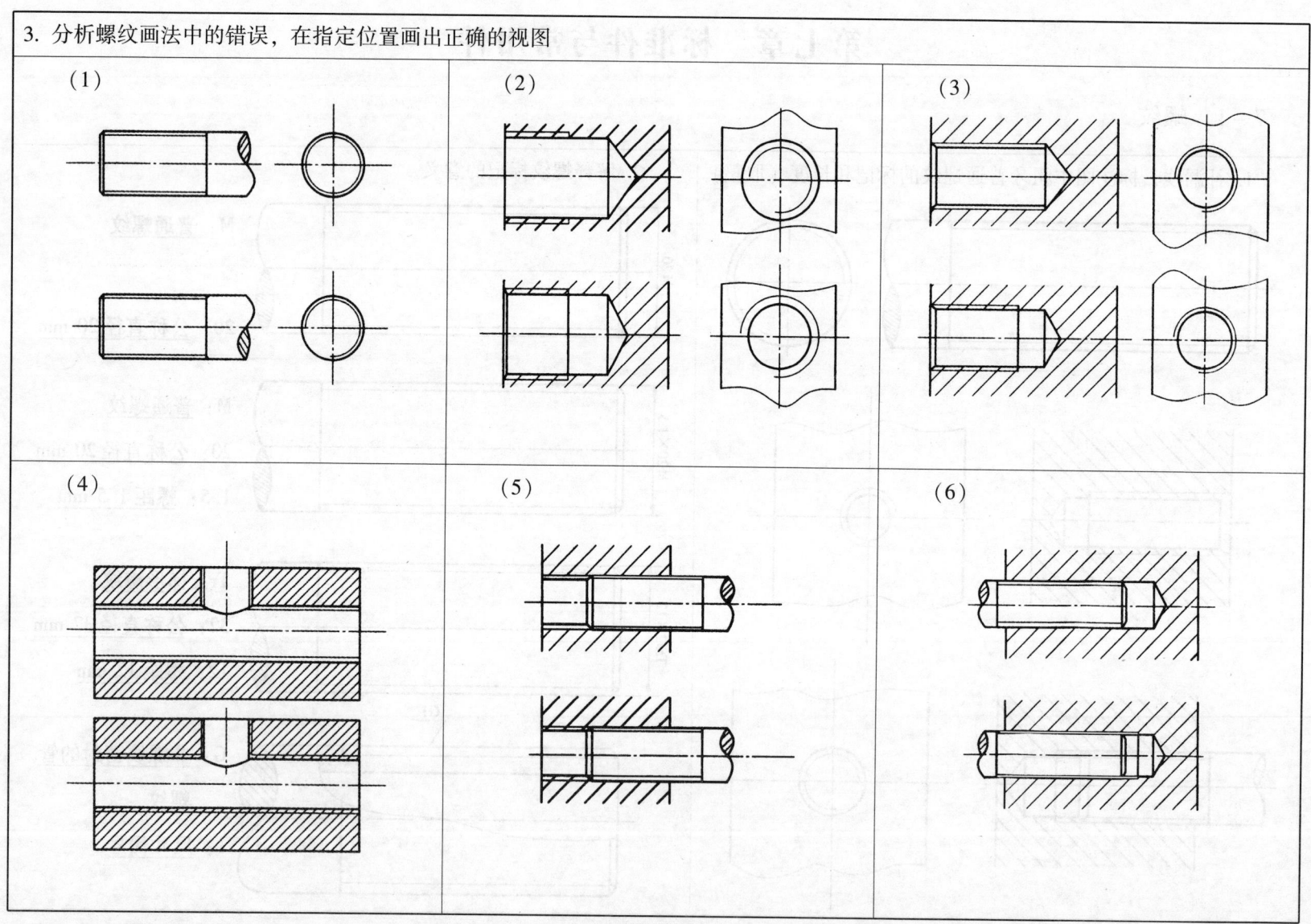

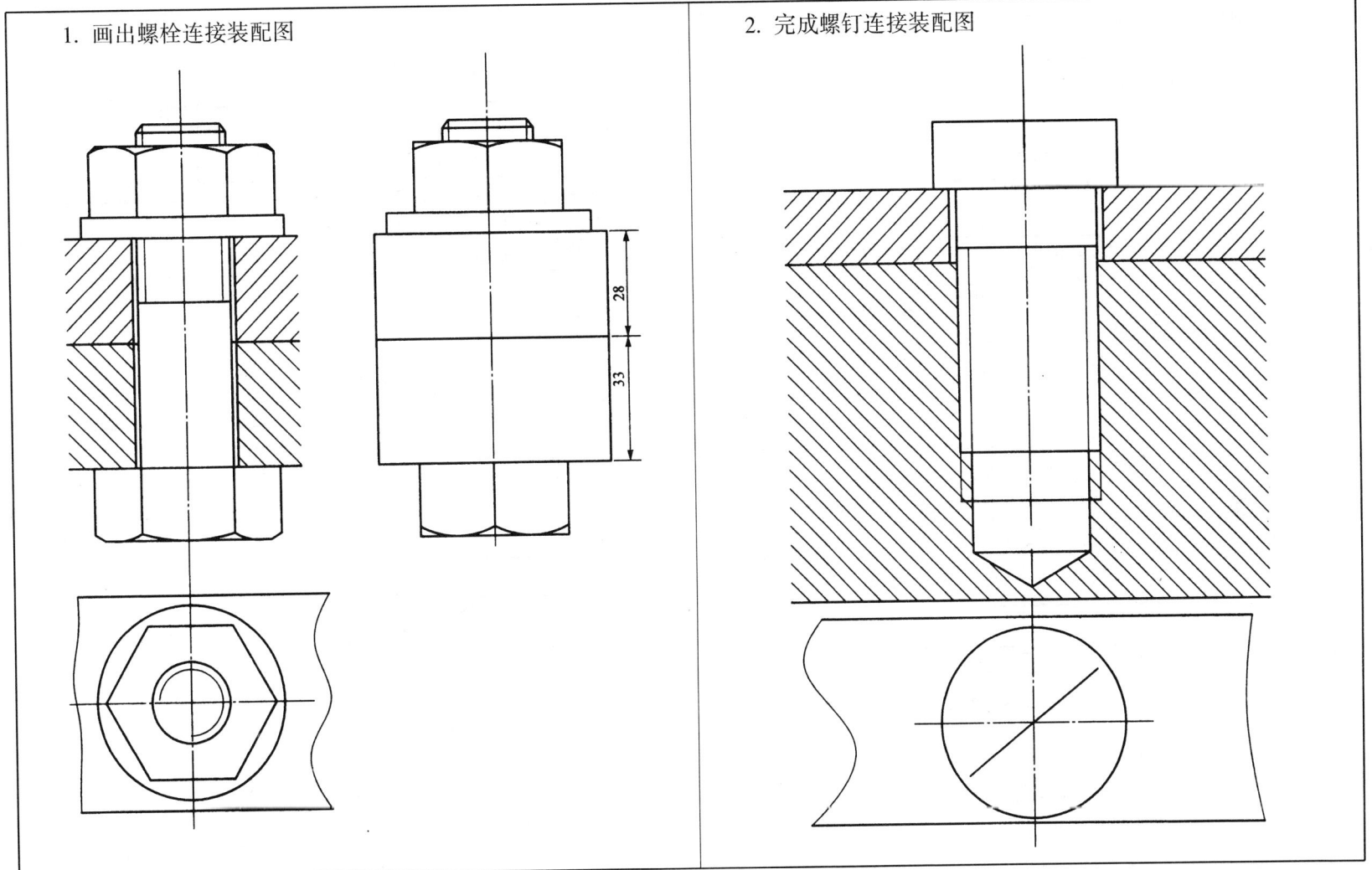

3. 画出螺柱连接装配图

(1) 螺栓　GB/T 899—1988 M20×L（L 计算后取标准值）

(2) 螺母　GB/T 8170—2000 M20

(3) 垫圈　GB/T 93—1987 70

(4) 垫圈　机座材料：铸铁

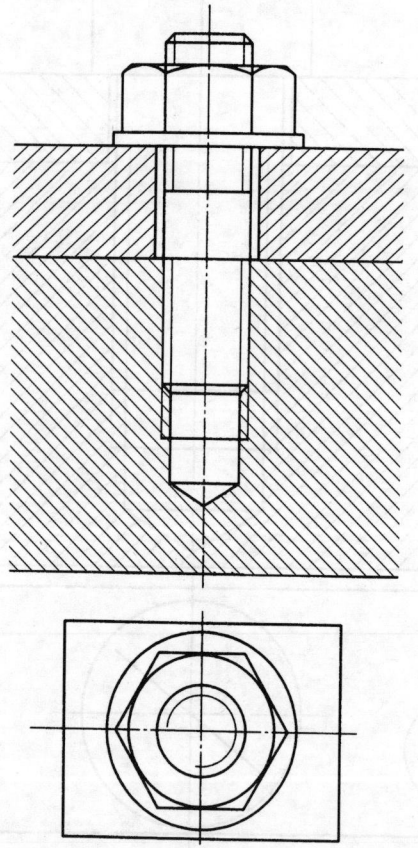

4. 完成螺栓连接的装配图（采用简化画法）

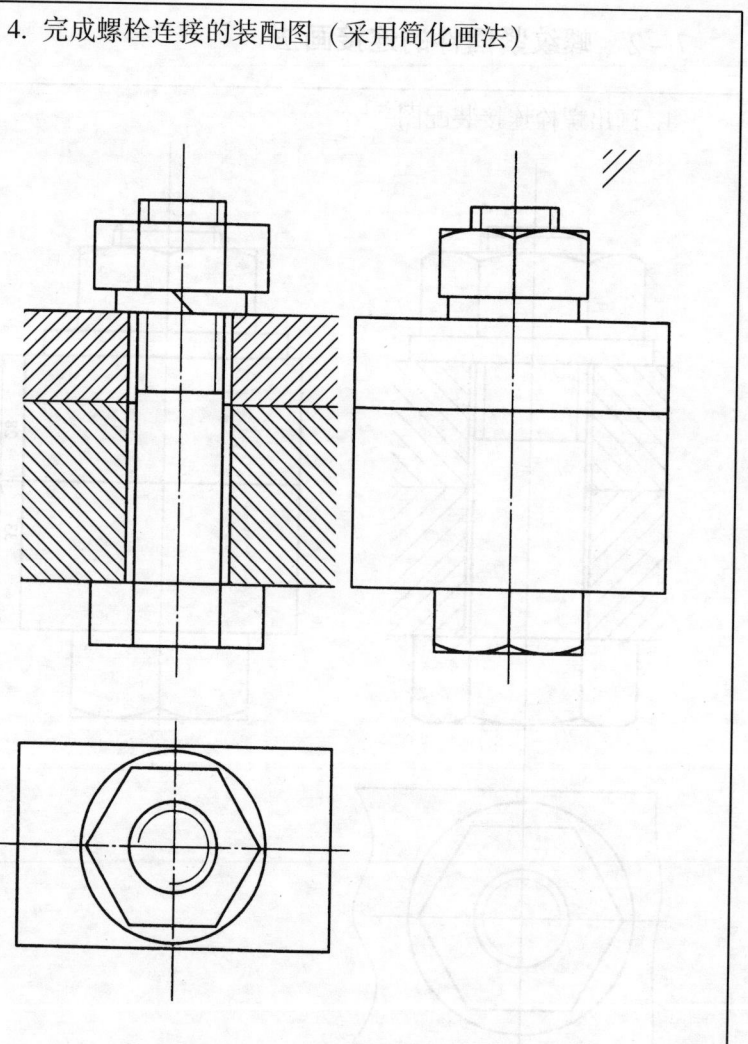

7-3 齿轮

补全直齿轮圆柱的主视图和左视图（模数 $m=3$，齿数 $z=34$）

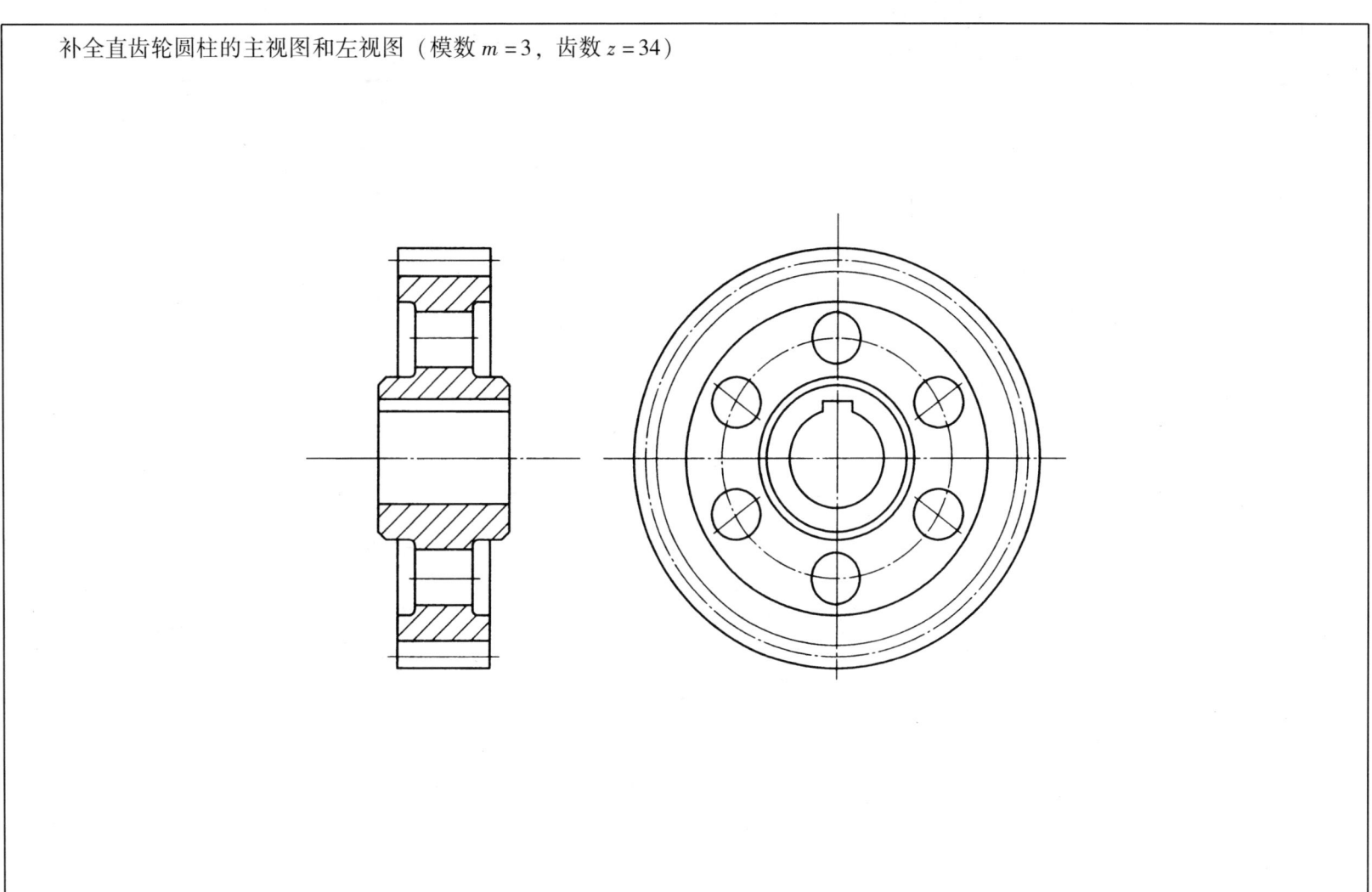

7-4 键连接及弹簧

1. 查表画出轴和轴孔上的键槽，并标注尺寸

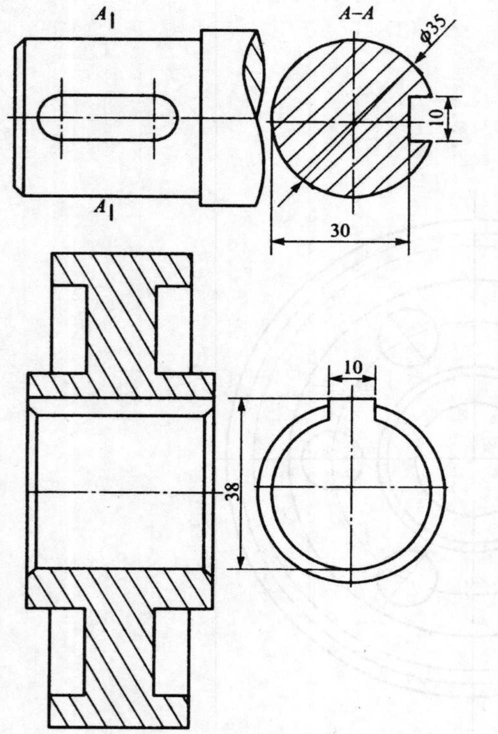

2. 画出上题中的键连接的装配图

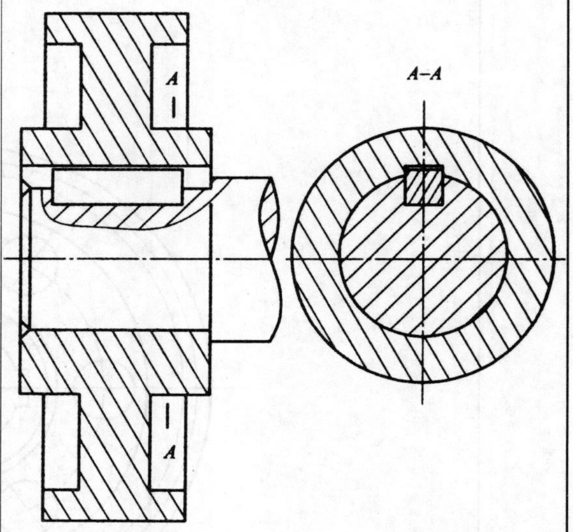

3. 画出圆柱螺旋压缩弹簧的全剖视图，并标注尺寸。其主要参数为：外径 φ60，簧丝直径 φ8，节距 15，有效圈数 7.5，总圈数 10，右旋

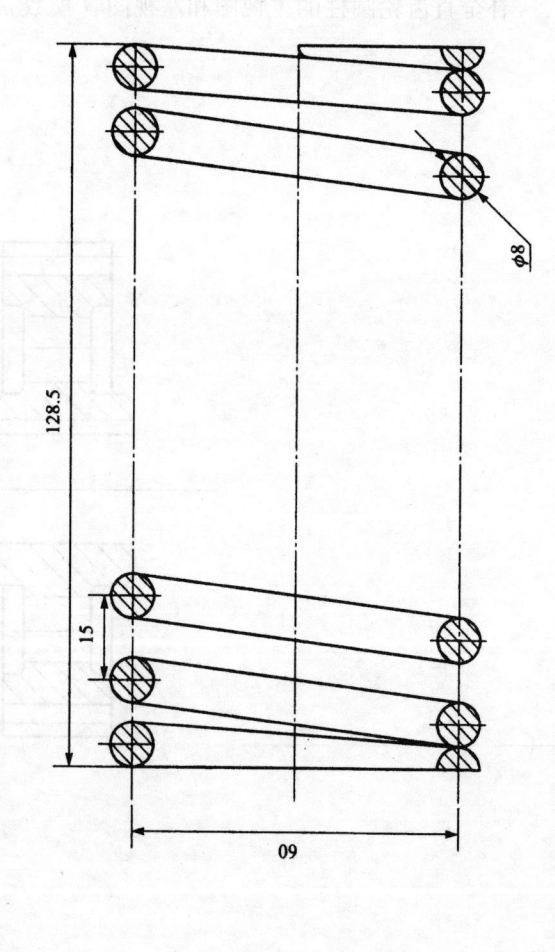

7-5 轴承

1. 检查轴承规定画法和通用画法中的错误

2. 画出装配图中的角接触球轴承，一边用规定画法，一边用通用画法

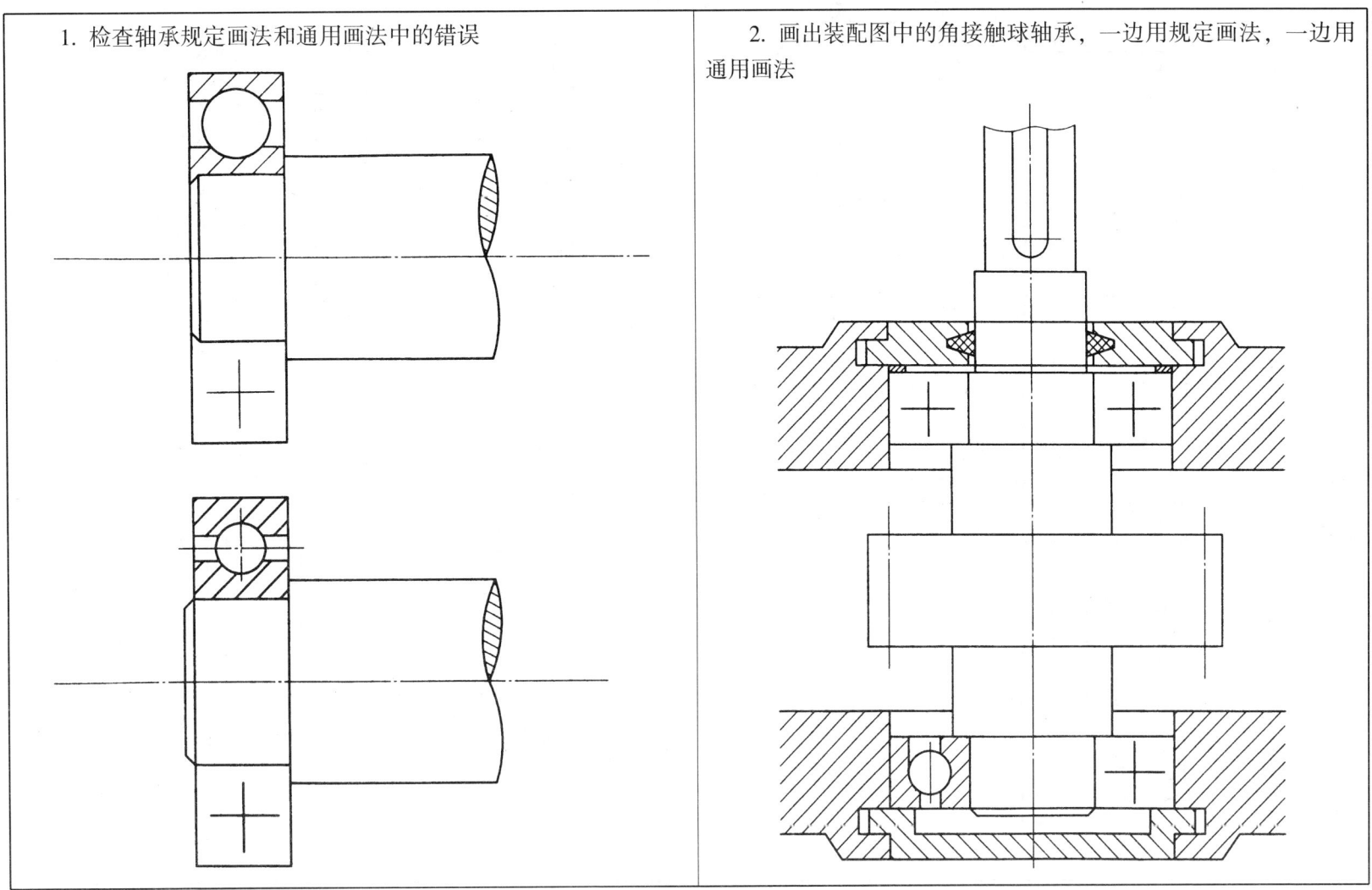

第九章 零件图

1. 画出A向外形视图

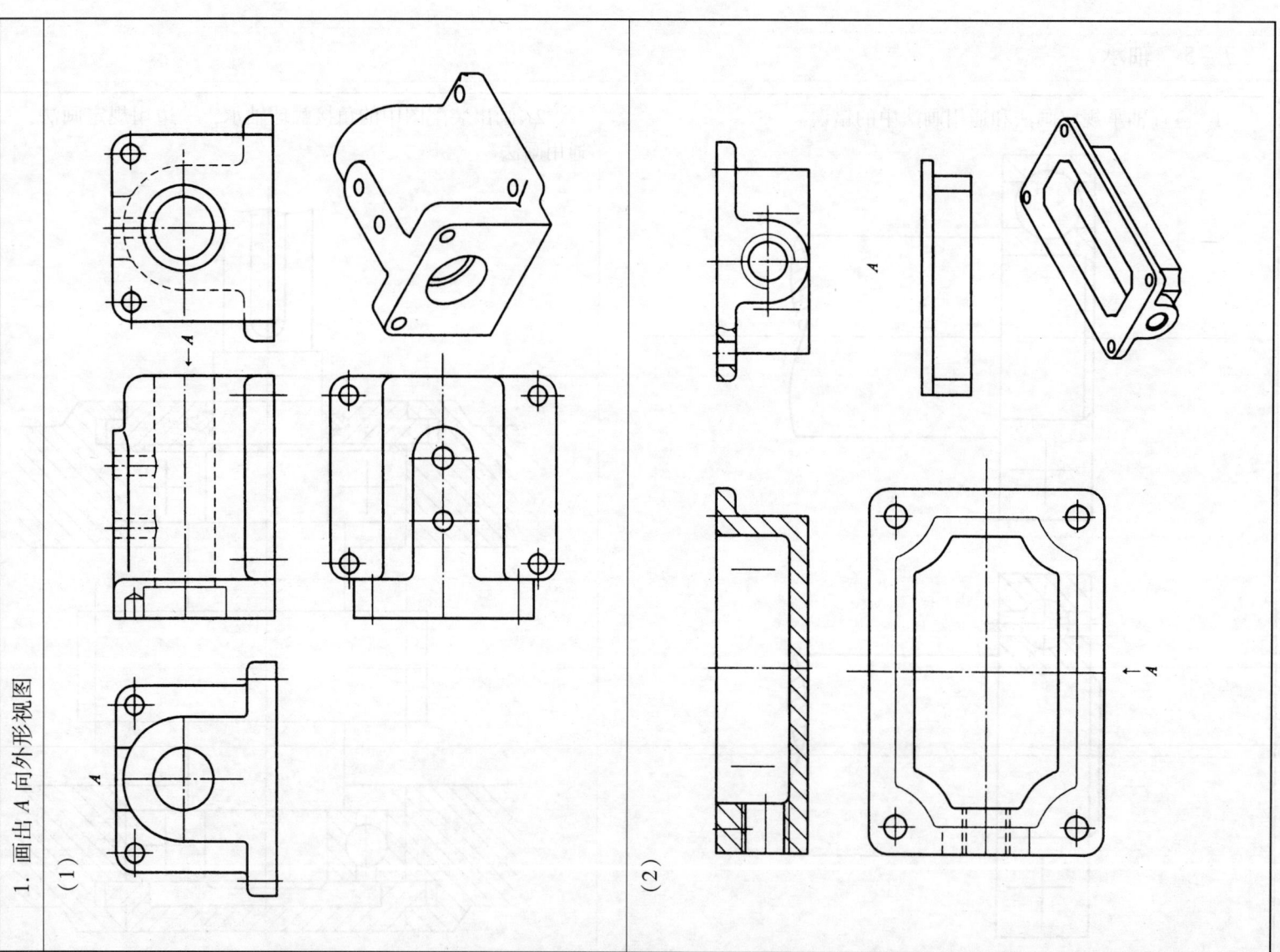

(1)

(2)

2. 读零件图并回答问题

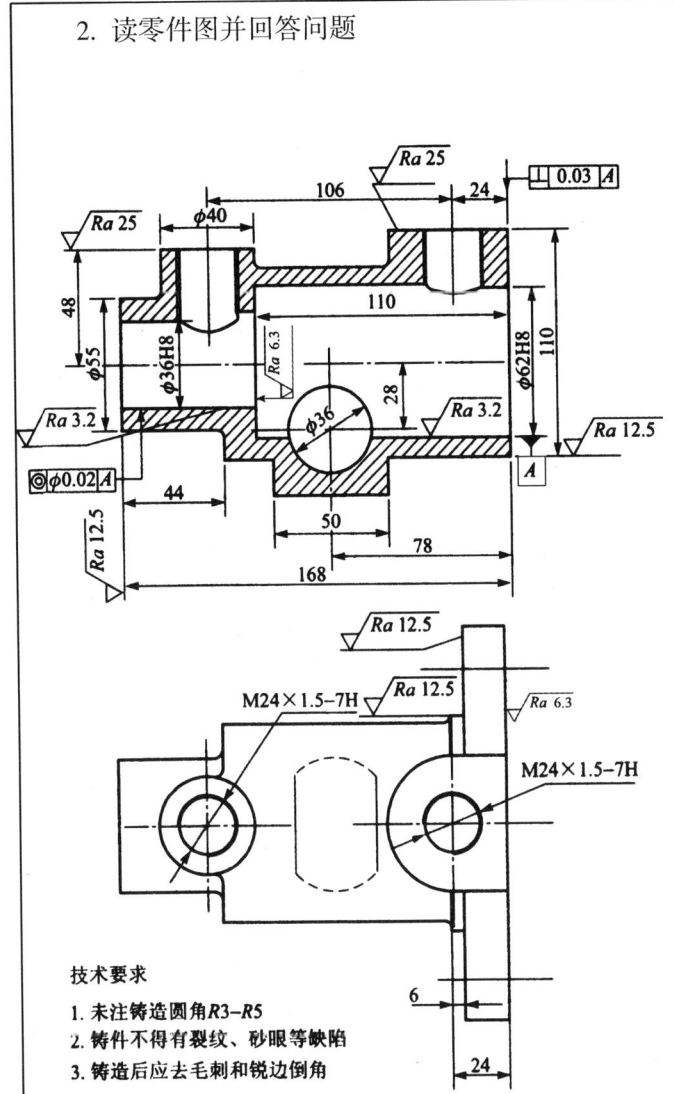
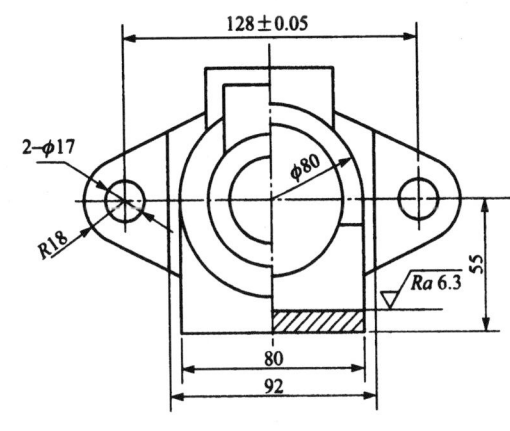
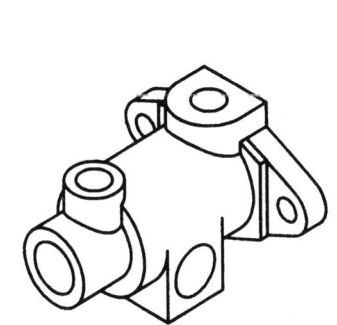

1. 在图样右方做出C向视图，即主视图的外形图。
2. 在图上用指引线标注长、宽、高三个方向的主要尺寸基准。
3. φ62H8表示基本尺寸是<u>62</u>，公差带代号是<u>H</u>，公差等级为<u>8</u>级，是否基准孔<u>是</u>。
4. 中心距尺寸128±0.05，最大可加工成<u>128.05</u>，最小可加工成<u>127.095</u>，公差是<u>0.1</u>。
5. M24×1.5-7H是普通细牙螺纹，大径是<u>24</u>，螺距是<u>1.5</u>，旋向<u>右</u>旋，中径和顶径公差带代号是<u>7H</u>。
6. ⌖φ0.02 A 表示被测要素是孔φ36H8的轴线，基准要素是轴φ62H8的轴线，检验项目是<u>同轴度</u>，公差值是<u>φ0.02</u>。
7. 壳体右端面的表面粗糙度代号是 √Ra 6.3 ，φ80外圆柱面的表面粗糙度代号是 ∅ 。
8. 在俯视图上用虚线画出φ36与φ62H8两圆柱孔的相贯线投影。
9. φ36圆柱孔的定位尺寸是<u>78</u>和<u>28</u>。

设计		（日期）	HT150	校名
校核			比例	1:1	壳体
审核					
班级	学号		共 张 第 张	图样代号

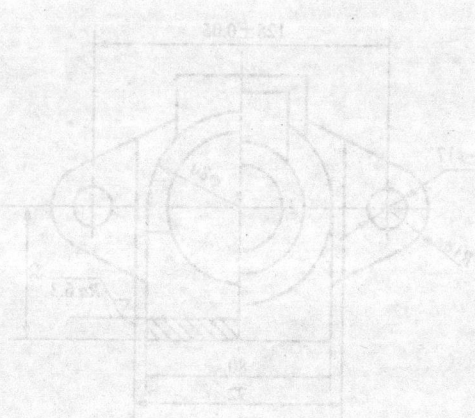